Jens Hofmann
Erfolgreich recherchieren – Erziehungswissenschaften
De Gruyter Studium

Erfolgreich recherchieren

Herausgegeben von
Klaus Gantert

Jens Hofmann

Erfolgreich recherchieren – Erziehungswissenschaften

DE GRUYTER
SAUR

ISBN 978-3-11-027188-1
e-ISBN 978-3-11-027189-8
ISSN 2194-3443

Library of Congress Cataloging-in-Publication Data
A CIP catalog record for this book has been applied for at the Library of Congress.

Bibliografische Information der Deutschen Nationalbibliothek
Die Deutsche Nationalbibliothek verzeichnet diese Publikation in der
Deutschen Nationalbibliografie; detaillierte bibliografische Daten
sind im Internet über http://dnb.d-nb.de abrufbar.

© 2013 Walter de Gruyter GmbH, Berlin/Boston
Satz: Medien Profis GmbH, Leipzig
Druck und Bindung: Hubert & Co. GmbH & Co. KG, Göttingen
♾ Gedruckt auf säurefreiem Papier
Printed in Germany

www.degruyter.com

Vorwort

In vielen Berufen gehört die Informationsrecherche zum festen Bestandteil der täglichen Arbeit. Kriminalbeamte und Journalisten könnten ihre Berufe an den Nagel hängen, würden sie nicht über ein Mindestmaß an Recherchekompetenzen verfügen. Informations-Broker haben die Suche nach Informationen sogar zu ihrem Beruf erklärt. Gegen ein Entgelt führen sie professionelle Recherchen in Datenbanken und im Internet durch und bereiten die gefundenen Informationen für ihre Kunden auf. Viele große Wirtschaftsunternehmen leisten sich eigene Rechercheabteilungen, um stets über die neuesten Entwicklungen auf dem Wirtschafts- und Finanzmarkt informiert zu sein. Und auch Wissenschaftler sind in ihrer täglichen Arbeit auf fundierte Literaturrecherchen angewiesen. Sie müssen zum einen sicherstellen, dass sich ihre Forschungen auf dem aktuellen Forschungsstand bewegen. Zum anderen sind sie stets auf der Suche nach Theorien und empirischen Befunden, mit denen sich ihre eigenen Hypothesen stützen oder widerlegen lassen.

Ein bei Wissenschaftlern wie auch bei Studierenden sehr beliebtes Rechercheinstrument ist die Internetsuchmaschine Google. Google verspricht, mit einfachen Suchanfragen schnell und bequem vom Arbeitsplatz aus in die Welt der Informationen einzutauchen. Ein leeres Versprechen? Keineswegs! Oft genügt die Eingabe von ein oder zwei Suchbegriffen, um zu finden, was man sucht. In Sekundenschnelle erscheint eine imposante Liste mit Links, hinter denen sich Antworten auf das eigene Informationsbedürfnis verbergen. Ohne ein Vorwissen über Recherchetechniken ist es schier unmöglich, Suchanfragen so zu gestalten, dass sie ins Leere laufen. Selbst Rechtschreibfehler werden bei der Eingabe von Suchbegriffen erkannt und in einen Recherchevorschlag überführt, mit dem sich eine größere Trefferzahl erreichen lässt. Warum also ein Buch lesen, das von Recherchetechniken und -instrumenten handelt? Ist man mit Google nicht bestens für das Studium und für die Recherche nach wissenschaftlichen Informationen gerüstet? Sie ahnen vermutlich meine Antwort. Denn wäre es so, könnte ich augenblicklich mit dem Schreiben aufhören und das Projekt, einen Rechercheführer für pädagogische Fachinformationen zu erarbeiten, für beendet erklären.

Wer bei der Suche nach wissenschaftlichen Informationen ausschließlich auf Internetsuchmaschinen baut, muss mit zwei folgenreichen Einschränkungen leben. Erstens haben Internetsuchmaschinen mit ihren automatisch arbeitenden Suchprogrammen, den sogenannten Web-Crawlern, lediglich Zugriff auf einen äußerst begrenzten Ausschnitt des Internets. Diesen Ausschnitt nennt man das Visible Web. Das Visible Web besteht aus Webseiten, die für die Web-Crawler über Hyperlinks erreichbar und deren Inhalte frei verfügbar sind. Unglücklicherweise ist im Visible Web bloß ein verschwindend kleiner Bruchteil der wissenschaftlich relevanten Informationen zu finden. Der weitaus größere Teil liegt – für Suchprogramme unerreichbar – passwortgeschützt oder als Inhalte von Katalogen und Fachdatenbanken im Invisible Web verborgen.

Die zweite Einschränkung, deren man sich als Nutzer von Internetsuchmaschinen bewusst sein sollte, resultiert aus ihrem Modus der Qualitätsbewertung von Informationen. Denn letztendlich führen die Suchalgorithmen von Internetsuchmaschinen Qualität auf Quantität zurück. Verweisen viele Links auf eine Webseite oder erfreut sich eine Webseite besonderer Beliebtheit, erscheint sie in der Sortierung der Trefferliste auf den vordersten

Rängen. Wer ein bisschen Geld übrig hat, kann auch für einen gut sichtbaren Platz abseits der Trefferliste bezahlen. Natürlich sind dies keine Kriterien, die für eine wissenschaftliche Bewertung von Informationen taugen. Die bei der Recherche mit Internetsuchmaschinen erzielten Treffer bedürfen also stets einer kritischen Nachbetrachtung. Handelt es sich bei ihnen tatsächlich um wissenschaftlich geprüfte und in einer wissenschaftlichen Arbeit verwertbare Informationen? Bewertungen dieser Art sind kein leichtes Unterfangen. Sie setzen vielmehr Kenntnisse voraus, die man sich zunächst einmal mühsam aneignen muss. Mit anderen Worten: Der Einfachheit der Informationsbeschaffung steht in der Google-Welt die Schwierigkeit gegenüber, die gefundenen Informationen hinsichtlich ihrer Wissenschaftlichkeit zu beurteilen.

Gleichwohl wir gerne auf althergebrachten Pfaden wandeln, möchte ich Ihnen in diesem Buch alternative Recherchewege vorstellen; Wege, die auf den ersten Blick holpriger und weitläufiger als die bereits bekannten Google-Pfade erscheinen, die bei der Suche nach wissenschaftlichen Publikationen und Informationen jedoch einen größeren Erfolg versprechen. Sie lernen auf dieser Reise nicht nur die wichtigsten Informationsquellen für Erziehungswissenschaftler, sondern auch die Grundprinzipien der Recherche kennen. Ziel des Buchs ist es, Ihnen ein Rüstzeug an die Hand zu geben, mit dem Sie eine wissenschaftliche Recherche effizient und effektiv gestalten können.

Das Buch sieht eine Dreiteilung in *Basics*, *Advanced* und *Informationen weiterverarbeiten* vor. Im ersten Teil *Basics* lege ich die Grundlagen für eine systematische Literaturrecherche. Zunächst werden wir uns mit den Besonderheiten des wissenschaftlichen Publikationsmarkts beschäftigen. Hieran anschließend rückt die Frage in den Mittelpunkt, wie sich ausgehend von einem Forschungsproblem eine Recherche nach wissenschaftlichen Informationen planen lässt. Zudem lernen Sie mit dem Bibliothekskatalog ein Rechercheinstrument kennen, das Ihnen gerade zu Beginn Ihres Studiums eine große Hilfe sein wird. Im zweiten Teil *Advanced* stelle ich Ihnen eine Reihe wissenschaftlicher Rechercheinstrumente vor, mit denen Sie gezielt nach unterschiedlichen Publikationsformen suchen können. Diese Rechercheinstrumente ermöglichen Ihnen nicht nur einen Zugriff auf das Invisible Web. Sie stehen zugleich auch für eine gewisse Qualität der recherchierbaren Informationen und Publikationen. Im abschließenden Teil *Informationen weiterverarbeiten* gehe ich auf Bewertungskriterien für wissenschaftliche Publikationen ein. Darüber hinaus zeige ich Ihnen Möglichkeiten, Literatur effizient zu verwalten und zu beschaffen.

Das Vorwort eines Buchs bietet immer auch die Gelegenheit, sich bei jenen zu bedanken, die an dessen Zustandekommen auf unterschiedliche Weise mitgewirkt haben. Gedankt sei Klaus Gantert, aus dessen Feder einige Textpassagen stammen und der im Verlauf des langwierigen Schreibprozesses stets Geduld bewahrte. Ebenso bedanken möchte ich mich bei Christina Lembrecht für ihre freundliche und wohlwollende Unterstützung durch den Verlag. Mein besonderer Dank gebührt Judith Heeg, die vieles mit interessiertem, bisweilen kritisch-skeptischem Blick kommentiert hat.

Erlangen, Oktober 2012
Jens Hofmann

Inhaltsverzeichnis

Basics — 1

1 Die Welt der wissenschaftlichen Informationen — 1
1.1 Die wissenschaftliche Publikation — 1
1.1.1 Was ist eine Publikation? — 1
1.1.2 Was ist Wissenschaft? — 2
1.1.3 Merkmale wissenschaftlicher Publikationen — 4
1.1.4 Wissenschaftliche Publikationsformen — 6
1.2 Erschließung wissenschaftlicher Informationen — 12
1.2.1 Formale Erschließung — 12
1.2.2 Inhaltliche Erschließung — 13

2 Aller Anfang ist schwer – Die Rechercheplanung — 17
2.1 Vom Forschungsthema zur Forschungsfrage — 18
2.2 Nachschlagewerke – Der schnelle Einstieg in ein Forschungsthema — 24
2.3 Von der Forschungsfrage zu den Recherchebegriffen — 27
2.4 Thesaurus und Synonymwörterbücher – Recherchebegriffe finden leicht gemacht — 32
2.5 Die Kunst des effizienten Recherchierens – Recherchebegriffe sinnvoll verknüpfen — 34

3 Gewusst wo, gewusst wie – Wissenschaftliche Rechercheinstrumente für Anfänger — 38
3.1 Ihr Wissensspeicher vor Ort – Die Universitätsbibliothek — 39
3.1.1 Die Aufgabe wissenschaftlicher Bibliotheken — 39
3.1.2 Die Ordnung der Bücher (und anderer Medien) — 40
3.1.3 Die Bibliothek geht online – Der OPAC — 42
3.2 Wer (richtig) sucht, der findet – Recherchetechniken und -tipps — 48

Advanced — 54

4 Gewusst wo, gewusst wie – Wissenschaftliche Rechercheinstrumente für Fortgeschrittene — 54
4.1 Über den Tellerrand – Noch mehr Bibliothekskataloge — 55
4.1.1 Die Sammelspezialisten – Bibliotheken der Sondersammelgebiete — 55
4.1.2 Bibliotheksübergreifend recherchieren – Verbundkataloge — 58
4.1.3 Einer für alle – Der Virtuelle Katalog — 60
4.2 Fachdatenbanken – Das Herzstück wissenschaftlicher Informationsrecherchen — 62
4.2.1 Fachdatenbanken in der Wissenschaft — 62
4.2.2 DBIS – Eine Datenbank für Datenbanken — 65
4.2.3 Wissenschaftliche Aufsätze finden — 68
4.2.4 Der schnelle Weg zum (digitalen) Volltext — 80
4.2.5 Fakten, Fakten, Fakten — 84

4.3 Die Alleskönner? – Wissenschaftliche Suchmaschinen —— 87
4.4 Internet für Pädagogen – Fachportale im Netz —— 94
4.5 Auf dem Laufenden bleiben —— 97

Informationen weiterverarbeiten —— 101
5 **Treffer bewerten und verwalten —— 101**
5.1 Treffer bewerten —— 101
5.2 Literatur verwalten —— 104
6 **Literatur beschaffen —— 107**
6.1 Fernleihe —— 107
6.2 Dokumentlieferdienste —— 108
6.3 eBooks on Demand —— 109

Zu guter Letzt —— 111
Anstelle eines Glossars —— 111
Ressourcenverzeichnis —— 112
Weiterführende Literatur —— 115
Sachregister —— 116
Abbildungsverzeichnis —— 118
Über den Autor —— 118

Basics

1 Die Welt der wissenschaftlichen Informationen

Es ist an der Zeit, einen genaueren Blick in die Welt der wissenschaftlichen Informationen zu werfen. In dieser Welt dreht sich alles um die Suche nach neuem Wissen. Wissen, das es noch zu erforschen gilt; aber vor allem: Wissen, das bereits erforscht wurde und gebannt in unzähligen Publikationen darauf wartet, wiederentdeckt zu werden. Noch immer hält sich hartnäckig das Klischee des exzentrischen und doch genialen Wissenschaftlers, der umgeben von brodelnden Reagenzgläsern und merkwürdig anmutenden Versuchsanordnungen in seinem Labor die geheimen Gesetzmäßigkeiten der Welt entschlüsselt. Gleichwohl uns dieses Bild in unzähligen Filmen begegnet, mit der Realität hat es wenig zu tun. Denn vieles von dem, was Wissenschaftler über die Welt wissen, wissen sie nicht aus ihren eigenen Forschungen, sondern aus wissenschaftlichen Publikationen. Ohne wissenschaftliche Publikationen gäbe es die moderne Wissenschaft nicht.

In diesem Kapitel werden wir uns mit den Merkmalen und Formen wissenschaftlicher Publikationen beschäftigen. Dabei versuche ich zu zeigen, dass es einige zentrale Kriterien gibt, die alle wissenschaftlichen Publikationen gemein haben, und zwar unabhängig davon, ob sie von einem Pädagogen, Soziologen, Germanisten oder Biologen verfasst wurden. Bevor wir uns den Merkmalen wissenschaftlicher Publikationen zuwenden, gilt es zunächst, unser Verständnis von dem zu schärfen, was unter einer „Publikation" und was unter „Wissenschaft" zu verstehen ist. Wodurch wird ein Text zu einer Publikation? Und was macht eigentlich Wissenschaft aus? Die Begriffsklärung dient uns als Ausgangspunkt, von dem aus sich die Besonderheiten wissenschaftlicher Publikationen besser verstehen lassen. Wer sich dieser Besonderheiten bewusst ist, verfügt auch über die Kompetenz, wissenschaftliche von nicht-wissenschaftlichen Publikationen zu unterscheiden.

1.1 Die wissenschaftliche Publikation

1.1.1 Was ist eine Publikation?

Der Begriff „Publikation" umfasst zwei unterschiedliche und doch eng miteinander verwobene Bedeutungen. Er umschreibt *erstens* den Vorgang des Verfügbarmachens eines Werks, das durch die Leistungen eines oder mehrerer Produzenten als Text, Bild oder Audioaufnahme geschaffen wurde. Mit der Publikation steht dem Produzenten des Werks ein Mittel zur Verfügung, sich an eine Öffentlichkeit zu wenden und diese an seiner schöpferischen Leistung teilhaben zu lassen. Wer publiziert, verfolgt stets Ziele, die er mit der Publikation zu erreichen sucht: Er will unterhalten oder informieren, eventuell die öffentliche Meinung beeinflussen oder auch nur Geld verdienen. Um Zugang zur Öffentlichkeit zu erhalten, bedarf er eines Mediums, das sich für eine Reproduzierung und damit für eine Nutzung durch ein breites Publikum eignet. Der Begriff Publikation schließt also neben dem Vorgang des Verfügbarmachens *zweitens* auch das bereits publizierte, erschienene Werk mit ein, auf das die Öffentlichkeit bei Interesse zugreifen kann. Fehlt diese freie Zugänglichkeit, liegt auch keine Publikation vor. Eine E-Mail an einen Kollegen oder an eine Freundin kann zwar zweifellos kreative und schöpferische Momente enthalten. Sie ist aber keine Publikation, eben weil sie sich exklusiv an einen oder an mehrere Adressaten wendet und damit bewusst die Öffentlichkeit ausschließt. Von einer Publikation lässt sich demnach nur sprechen, wenn sie sich eines Mediums bedient, auf das eine interessierte Öffentlichkeit potentiell Zugriff hat. Das Medium kann dabei in gedruckter Form als Buch, Zeitschrift, Magazin oder in elektronischer Form als Webseite, E-Book, E-Journal etc. vorliegen.

Halten wir an dieser Stelle in einer knappen Definition die Merkmale einer Publikation fest:

Definition Publikation

Eine Publikation ist ein reproduzierbares, zumeist schriftlich niedergelegtes Dokument, das von einem Urheber oder mehreren Urhebern für ein Publikum in einer schöpferischen Tätigkeit geschaffen wurde.

Wodurch wird nun eine Publikation zu einer wissenschaftlichen Publikation? Was sind die Kriterien, die gegeben sein müssen, damit eine Publikation das Prädikat der Wissenschaftlichkeit erhält? Natürlich: Sie muss von einem Wissenschaftler verfasst worden sein. Aber wie wird man zu einem Wissenschaftler? Und die naheliegende Antwort lautet: Ein Wissenschaftler ist, wer Wissenschaft betreibt.

1.1.2 Was ist Wissenschaft?

Gegenstandsbereiche und Aufgaben

Wissenschaft ist ein Tätigkeitsfeld, das sich in eine Vielzahl von Einzelwissenschaften – den sogenannten Disziplinen – differenziert. Jede Einzelwissenschaft beschäftigt sich mit einem mehr oder minder klar umrissenen Gegenstandsbereich. So betrachtet etwa die Pädagogik den Menschen in seiner Bildungsfähigkeit und fragt nach den sozialen und anthropologischen Bedingungen der Erziehung von Kindern und Erwachsenen. Bei der Bearbeitung ihres Gegenstandsbereichs widmen sich die Einzelwissenschaften einer zweifachen Aufgabe: Auf der einen Seite überprüfen und systematisieren sie bestehendes Wissen. Sie arbeiten also im gewissen Sinne historisch. Und auf der anderen Seite decken sie Forschungsprobleme und -desiderate auf und versuchen, neues Wissen hervorzubringen. Auf der Grundlage unterschiedlicher Methoden und Theorien fertigen die Einzelwissenschaften Beschreibungen ihres Gegenstandbereichs an, in denen sie Auskunft über das geben, was sie für wahr und was sie für unwahr halten. Mit anderen Worten: Wissenschaft produziert ein Wissen, dessen mögliche Unwahrheit anhand von Beobachtungen und Experimenten getestet wurde. Die moderne Wissenschaft hat sich dabei von der Vorstellung verabschiedet, Wissenschaft sei ein Prozess steten Erkenntniszugewinns, an dessen Ende die Freilegung einer absoluten Wahrheit liegt. Heute geht sie vielmehr davon aus, dass wissenschaftliche Erkenntnisse ausnahmslos hypothetischer Natur sind und somit einer beständigen Kritik bedürfen. Sie gelten nur solange, bis sie widerlegt wurden.

Um die Überprüfbarkeit wissenschaftlichen Wissens gewährleisten zu können, muss Wissenschaft ihre Erkenntnisse frei zugänglich machen. Sie muss kommunizieren, auf der Grundlage welcher Methoden und welcher Daten sie welche Ergebnisse erzielen konnte. Jede neue Wissensofferte hat nur dann die Chance, als wahres Wissen anerkannt zu werden, wenn sie sich der wissenschaftlichen Diskussion stellt. Die erste und für alle jungen Wissenschaftler nur schwer zu nehmende Hürde besteht dann darin, in der Wissenschaftsgemeinschaft – der *scientific community* – Gehör zu finden. Neben Tagungen, informellen Gesprächen am Arbeitsplatz, Korrespondenzen mittels Briefen, E-Mails und Telefongesprächen stellt die wissenschaftliche Publikation das wichtigste Kommunikationsmedium dar, über das sich der Wissenschaftler an andere Wissenschaftler wendet. Ja, man könnte sogar sagen: Wer eine Wahrheitsbehauptung unter wissenschaftlichen Bedingungen aufstellen möchte, der kommt nicht umhin, seine Ergebnisse mittels einer Publikation öffentlich zu machen. Dabei bilden wissenschaftliche Publikationen nicht nur die Grundlage, auf der die Überprüfung wissenschaftlicher Erkenntnisse erfolgt. Sie dienen zudem der ideellen und rechtlichen Sicherung geistigen Eigentums.

Intersubjektive Überprüfbarkeit

1.1.3 Merkmale wissenschaftlicher Publikationen

Beim Verfassen einer wissenschaftlichen Publikation haben Wissenschaftler auf eine Reihe von Standards zu achten. Diese Standards bilden gewissermaßen das Fundament, auf dem das wissenschaftliche Publikationssystem ruht. In der akademischen Ausbildung wird daher ein besonders hoher Wert darauf gelegt, Studierenden bereits am Anfang ihres Studiums die wichtigsten Regeln wissenschaftlichen Schreibens zu vermitteln. Schauen wir uns drei dieser Standards etwas genauer an.

Forschungsproblem

Jede wissenschaftliche Publikation hat sich *erstens* mit einem Problem zu beschäftigen, für das sie eine Lösung in der Form einer rationalen Argumentation anbietet. Über den Problembezug lassen sich wissenschaftliche Publikationen einem Gegenstandsbereich innerhalb einer Einzelwissenschaft zuordnen und somit Aufmerksamkeiten steuern. Welcher Wissenschaftler möchte schon seitenweise einen Text über die Schul- und Bildungskonzeption bei Friedrich Schleiermacher lesen, um schließlich am Ende angelangt enttäuscht die Irrelevanz des Inhalts für die eigenen Forschungen festzustellen. Bei ihren Forschungen greifen Wissenschaftler auf fachspezifische Methoden und Theorien zurück, anhand derer sie ihren Blick auf die Welt justieren. Ohne hinreichendes Vorwissen ist es dem fachfremden Leser oftmals unmöglich, die Argumentation vollends nachzuvollziehen und für die eigenen Forschungen zu nutzen. Obgleich wissenschaftliche Publikationen prinzipiell allen Interessenten zugänglich sind, stellen ihre Sprache und ihre Themen schwer zu überwindende Verständnisbarrieren dar. Wissenschaftliche Publikationen informieren ihre Leser deshalb mittels eines aussagekräftigen Titels, eines Inhaltsverzeichnisses, einer Einleitung oder einer kurzen Zusammenfassung – dem *Abstract* – darüber, was sie vom Text zu erwarten haben. Dank dieser Vorabinformationen lässt sich das Enttäuschungsrisiko beim Leser minimieren.

Autor

Wissenschaftliche Publikationen belegen *zweitens* den Autor bzw. die Autoren eindeutig. Während sich im Internet, in Zeitungen oder in populärwissenschaftlichen Zeitschriften häufig Texte finden, die anonym oder unter Angabe eines Pseudonyms verfasst wurden, geben wissenschaftliche Publikationen stets Auskunft über den Namen ihrer Verfasser. Mit der Nennung seines Namens proklamiert der Verfasser ein Anrecht auf geistiges Eigentum seiner Forschungsarbeiten. Als Urheber des Texts übernimmt er darüber hinaus auch Verantwortung für die dargelegten Forschungsergebnisse sowie die Wissenschaftlichkeit des Erkenntnisprozesses. Dem Leser kann der Autorenname als interpretativer Rahmen dienen, durch den die Publikation eine besondere

Bedeutung erhält. Ist die Argumentation aus dem zeitlichen Kontext heraus zu verstehen, in dem der Autor lebte? Gehört er einer durch Denktraditionen und Methoden gekennzeichneten „wissenschaftlichen Schule" an? Vor allem aber: Steht der Autorenname für die Relevanz einer Publikation in einem bestimmten Wissensgebiet? Hat der Autor also mit seinen Arbeiten eine Fachdisziplin geprägt und weiterentwickelt? Nicht selten erfolgt anhand der Reputation des Autors eine Entscheidung darüber, welche Texte man als Wissenschaftler lesen sollte und welche nicht. Reputation basiert in der Wissenschaft auf der Überzeugung, dass dem Autor aufgrund seiner bisherigen Forschungsleistungen Aufmerksamkeit zu Recht entgegen zu bringen ist. Aber nicht nur der Name eines Autors, sondern auch der eines Verlags, einer Zeitschrift, einer Institution oder einer Universität kann für die Qualität von Forschungsleistungen stehen. Der Name dient dabei stets als ein maßgebliches Kriterium, mittels dessen sich aus der Flut von Publikationen eine Vorauswahl forschungsrelevanter Titel treffen lässt.

Bei wissenschaftlichen Publikationen sind *drittens* stets Zitationen zu verwenden. Zitationen sind in der Form von Literaturangaben gemachte Verweise auf bereits veröffentliche Publikationen. Sie dokumentieren, dass die Publikation aus einer Vielzahl von Publikationen hervorgegangen ist und damit in einer bestimmt Tradition steht bzw. sich von dieser abgrenzt. Der Autor verwendet also Zitationen, um entweder die eigenen Befunde durch die Rückbindung auf das in der Wissenschaftsgemeinschaft kanonisierte Wissen zu belegen oder aber, und dies ist mindestens ebenso wichtig, um eine Differenz zwischen altem und neuem Wissen zu markieren und das neue Wissen als Innovation zu verkaufen. Als neu gilt dabei alles, was erstmals in einer Publikation festgehalten und der Öffentlichkeit zugänglich gemacht wurde. Es ist mithin völlig unerheblich, ob die Forschungsresultate bereits auf einem anderen Wege – etwa auf einer Konferenz oder in einem persönlichen Gespräch – kommuniziert wurden. Wissenschaftliches Wissen ist publiziertes Wissen. Und erst die Publikation macht neues Wissen seinerseits zitierfähig. Jedem Wissenschaftler muss demnach an einer Zitierung seiner Forschungsergebnisse durch Fachkollegen gelegen sein. Denn was nicht zitiert wird, fällt aus dem wissenschaftlichen Kommunikationsprozess heraus.

Zitationen

1.1.4 Wissenschaftliche Publikationsformen

Wissenschaft ist darauf angewiesen, dass das von ihr produzierte Wissen publiziert und kritisch diskutiert wird. Wissenschaftlern steht dabei eine Reihe von Publikationsformen zur Verfügung. Grob lassen sich die Publikationsformen nach ihren Zielsetzungen in zwei Kategorien untergliedern: Nachschlagewerke und Überblicksdarstellungen auf der einen und Forschungsliteratur auf der anderen Seite. Nachschlagewerke und Überblicksdarstellungen leisten eine Zusammenfassung, Systematisierung und eventuell kritische Bewertung bzw. didaktische Aufbereitung des Forschungsstands innerhalb eines Wissensgebiets. Sie bieten dem Leser die Möglichkeit, sich ohne das mühsame und zeitraubende Lesen unzähliger Einzelveröffentlichungen schnell in ein komplettes Wissensgebiet einzuarbeiten bzw. sich punktuell zu informieren. Natürlich können Nachschlagewerke und Überblicksdarstellungen die Lektüre von Forschungsliteratur nicht ersetzen. Wer sich mit konkreten Forschungsproblemen tiefergehend auseinandersetzen möchte, kommt nicht umhin, auf Forschungsliteratur zurückzugreifen. Das vorrangige Ziel der Forschungsliteratur ist es, offene Forschungsprobleme herauszuarbeiten und eigene Lösungsansätze zu präsentieren. Sie zeichnet sich also gerade dadurch aus, dass sie einen klar definierten Ausschnitt aus einem Wissensgebiet behandelt.

Lassen Sie uns auf den folgenden Seiten die wichtigsten wissenschaftlichen Publikationsformen etwas genauer unter die Lupe nehmen.

Monographien

Monographien

Bei einer Monographie handelt es sich um eine systematische, vollständige und in sich abgeschlossene Abhandlung eines einzelnen Forschungsgegenstands. Der Gegenstand einer „Einzelschrift" kann entweder ein klar umrissenes Forschungsproblem oder eine bedeutende Persönlichkeit sein. In der Regel werden Monographien von Einzelautoren verfasst, die in ihrem Forschungsbereich entweder bereits zu den Spezialisten gehören oder aber sich diesen Ruf noch zu erarbeiten beabsichtigen. Die Bedeutung von Monographien für die wissenschaftliche Kommunikation von Forschungsergebnissen hängt stark von der jeweiligen Fachdisziplin ab. Während Naturwissenschaftler nur selten ihre Forschungsergebnisse in Monographien veröffentlichen, nimmt diese Publikationsform in den Sozial- und insbesondere in den Geisteswissenschaften einen besonders hohen Stellenwert ein. Für junge Geisteswissenschaftler stellt das Verfassen einer Monographie geradezu eine Voraussetzung dar, um in der Wissenschaftsgemeinschaft Reputation zu erlangen. Dabei erhöhen Veröffentlichungen in renommierten Verlagen die Chance, von anderen Wissenschaftlern gelesen zu werden. Denn neben dem Autor gilt der Verlag als ein Qualitätskriterium für hochwertige wissenschaftliche Monographien. Das Wissen über wichtige Verlage der eigenen Fachdisziplin hilft Ihnen also, eine Vorauswahl an relevanten Monographien zu treffen.

Beispiel einer Monographie
Joos, Magdalena: Die soziale Lage der Kinder. Sozialberichterstattung über die Lebensverhältnisse von Kindern in Deutschland. Weinheim; München: Juventa 2001.

Mehrbändige Werke

Erfolgt die Abhandlung eines Forschungsgegenstands nicht in einem einzigen Buch, sondern in mehreren Büchern, spricht man von einem mehrbändigen Werk. Ein mehrbändiges Werk ist also eine Publikation, die aus einer begrenzten Anzahl von ihr zugehörigen Bänden besteht. Die einzelnen Bände können in zeitlichen Abständen nacheinander oder auch gleichzeitig veröffentlicht werden. Anhand ihrer Durchnummerierung und an Formalbegriffen wie Volume, Band, Teil etc. in ihrem Titel lassen sich mehrbändige Werke relativ leicht erkennen. Alle Teile verfügen stets über einen gemeinsamen Titel. Die Einzelbände können ihrerseits jedoch durchaus auch individuelle Titel aufweisen.

Mehrbändige Werke

Beispiel eines Einzelbands aus einem mehrbändigen Werk
Benner, Dietrich; Kemper, Herwart: Theorie und Geschichte der Reformpädagogik. Teil 2: Die pädagogische Bewegung von der Jahrhundertwende bis zum Ende der Weimarer Republik. Weinheim; Basel: Beltz 2002.

Schriftenreihe

Unter Schriftenreihe versteht man eine Serie nacheinander veröffentlichter und in sich abgeschlossener Monographien, die unter einem übergeordneten Gesamttitel bzw. Serientitel vereinigt werden. Der Gesamttitel gibt den (nicht immer thematischen) Rahmen vor, innerhalb dessen die einzelnen Monographien zu verorten sind. Die Einzelpublikationen der Serie werden zumeist von unterschiedlichen Autoren verfasst und verfügen neben dem Serientitel über eigenständige Titel. Im Gegensatz zu mehrbändigen Werken, die nach einer bestimmten Anzahl von Bänden ihren Abschluss finden, werden Reihen fortlaufend weitergeführt.

Schriftenreihe

Beispiel einer Publikation in einer Schriftenreihe
Wertgen, Alexander: Empörung und Hilflosigkeit. Zur Kritik deutschsprachiger Sonderpädagogen an der moralphilosophischen Position Peter Singers. (Ethik und Pädagogik im Dialog; 5). Berlin [u.a.]: Lit 2009.

Zeitschriften

Zeitschriften gehören zu den fortlaufenden Publikationen (Periodika). Sie erscheinen periodisch in Abständen von einer Woche bis zu zweimal im Jahr. Üblicherweise erfolgt ihre Veröffentlichung in einem vierteljährlichen, zweimonatlichen oder monatlichen Turnus. Fachzeitschriften bestehen aus einer Vielzahl von Einzelbeiträgen unterschiedlicher Autoren. Die Beiträge pädagogischer Zeitschriften umfassen zumeist 15–25 Seiten. In Zeitschriftenaufsätzen präsentieren Wissenschaftler kurz und bündig ihre aktuellen Forschungsergebnisse. Neben thematisch relativ offenen Zeitschriften, welche die komplette Bandbreite einer Disziplin abdecken, gibt es auch Zeitschriften zu Spezialgebieten innerhalb der Einzelwissenschaft. Von Zeit zu Zeit widmen sich einzelne Zeitschriftenhefte auch bestimmten Themenschwerpunkten.

Zeitschriften mit einem hohen Renommee innerhalb einer Disziplin bezeichnet man als *Kernzeitschriften*. Das Renommee einer Zeitschrift bemisst sich unter anderem an der Häufigkeit, mit der die einzelnen Beiträge von anderen Wissenschaftlern zitiert werden. Die durchschnittliche Zitierhäufigkeit von Beiträgen einer Zeitschrift wird im *Journal Impact Factor* abgebildet. Viele Zeitschriften versuchen mit Hilfe von einem *Peer-Review-Verfahren* die Qualität ihrer Einzelbeiträge zu gewährleisten. Beim Peer-Review-Verfahren werden die bei der Redaktion eingereichten Beiträge vor ihrer Veröffentlichung durch Fachkollegen beurteilt und mit Verbesserungsvorschlägen versehen. Dieser Begutachtungsprozess kann sich unter Umständen mehrere Monate hinziehen.

Beispiel eines Zeitschriftenaufsatzes
Drieschner, Elmar: Frühkindliche Erziehung oder Bildung? Zur bindungstheoretischen Begründung von Frühpädagogik. In: Pädagogische Rundschau 65 (2011), Heft 3, S. 285–304.

Sammelbände

Sammelbände beinhalten Einzelbeiträge unterschiedlicher Autoren. Zwischen den Beiträgen eines Sammelbands besteht in der Regel ein enger thematischer Zusammenhang. Sammelbände zielen darauf ab, einen Forschungsgegenstand aus diversen Perspektiven zu beleuchten. Mit ihrer Hilfe kann man sich sehr schnell einen Überblick über die thematische Spannbreite eines Forschungsgegenstands verschaffen. Ab und an kommen in Sammelbänden auch Wissenschaftler unterschiedlicher Fachdisziplinen zu Wort. Der Leser erhält auf diese Weise einen Eindruck davon, wie ein Forschungsgegenstand in einer für ihn fachfremden Disziplin methodisch erfasst und bearbeitet wird. Für die Gesamtkonzeption des Sammelbands ist ein Herausgeber bzw. ein Herausgeberteam verantwortlich. Neben der Konzeption fällt den Herausgebern die Aufgabe zu, in das Thema des Sammelbands einzuführen und einen kurzen Ausblick auf die Einzelbeiträge zu geben.

Beispiel eines Sammelbands
Schweppe, Cornelia; Sting, Stephan (Hg.): Sozialpädagogik im Übergang. Neue Herausforderungen für Disziplin und Profession. Weinheim; München: Juventa 2006.

Beispiel eines Sammelbandaufsatzes
Hünersdorf, Bettina: Sozialpädagogische Ethnographieforschung als Beitrag zur Professionalisierung und Organisationsentwicklung der stationären Altenhilfe. In: Schweppe, Cornelia; Sting, Stephan (Hg.): Sozialpädagogik im Übergang. Neue Herausforderungen für Disziplin und Profession. Weinheim; München: Juventa 2006, S. 175–192.

Konferenzbände

Konferenzbände stellen eine spezielle Form von Sammelbänden dar. In Konferenzbänden werden auf Tagungen gehaltene Vorträge publiziert. Die Beiträge entsprechen entweder dem gleichen Wortlaut oder sind überarbeitete Fassungen des Konferenzvortrags. In den meisten Fällen werden Konferenzbände erst einige Zeit nach einer Konferenz herausgegeben. Vorabveröffentlichungen sind eher selten. Artikel in Konferenzbänden bieten eine gute Gelegenheit, sich einen Überblick über laufende Forschungen zu verschaffen. Sie geben erste Einblicke, ohne dabei den Anspruch zu erheben, ein rundum abgesichertes Forschungsergebnis zur Diskussion zu stellen.

Die Beiträge in Konferenzbänden unterliegen einer weniger strikt gehandhabten Begutachtung. Im Vorfeld einer Tagung wird in Fachzeitschriften, in Mailinglisten oder auf den entsprechenden Fachportalen im Internet ein Aufruf gestartet, zum Konferenzthema ein Exposé für einen Vortrag einzureichen („call for papers"). Nach der Begutachtung der eingereichten Papers durch ein Tagungskomitee erfolgt eine Entscheidung über die Annahme oder Ablehnung des Vortrags. Eine gesonderte Begutachtung der schriftlichen Fassung des Vortrags für den Konferenzband findet in der Regel nicht statt.

Beispiel eines Konferenzbands
Kapella, Olaf; Rille-Pfeiffer, Christiane; Rupp, Martina; Schneider, Norbert F. (Hg.): Die Vielfalt der Familie. Tagungsband zum 3. europäischen Fachkongress Familienforschung. Opladen; Farmington Hills: Barbara Budrich 2009.

Beispiel eines Aufsatzes aus einem Konferenzband
Helfferich, Cornelia: Männer in der Familie. In: Kapella, Olaf; Rille-Pfeiffer, Christiane; Rupp, Martina; Schneider, Norbert F. (Hg.): Die Vielfalt der Familie. Tagungsband zum 3. europäischen Fachkongress Familienforschung. Opladen; Farmington Hills: Barbara Budrich 2009, S. 189–202.

Lehrbücher

Lehrbücher bereiten das Grundlagenwissen einer Fachdisziplin bzw. eines Teilbereichs innerhalb einer Fachdisziplin didaktisch auf und stellen es in kompakter Form dar. Ihr Hauptaugenmerk liegt auf der Vermittlung prüfungsrelevanten Wissens. Lehrbücher richten sich somit ausdrücklich an Studierende. Sie geben in der Regel die herrschende Lehrmeinung wieder und beziehen sich somit auf einen gesicherten Kenntnisstand. In selteneren Fällen diskutieren sie auch abweichende Ansichten zu einer Forschungsfrage. Lehrbücher bieten die Möglichkeit, sich schnell in einen Themenbereich einzuarbeiten. Aufgrund ihrer überblicksartigen Diskussion komplexer Gegenstandsbereiche sind sie allerdings nicht für eine tiefergehende Beschäftigung mit einer Forschungsfrage geeignet.

Beispiel eines Lehrbuchs
Moser, Heinz: Einführung in die Medienpädagogik. Aufwachsen im Medienzeitalter. Wiesbaden: VS Verlag 2010.

Handbücher

In Handbüchern werden Fach- und Wissensgebiete systematisch dargestellt. Zu diesem Zweck versammeln sie Beiträge von zumeist anerkannten Wissenschaftlern. Die Einzelbeiträge führen in knappen Worten und unter Berücksichtigung einschlägiger Forschungsliteratur in Teilgebiete der Fachdisziplin ein. Wer einen Überblick über die grundlegendsten Forschungsprobleme innerhalb eines Gegenstandsbereichs haben möchte, sollte auf jeden Fall einen Blick in Handbücher werfen. Sie liefern sowohl einen schnellen Zugriff auf wesentliche Erkenntnisse eines Wissensgebiets als auch Angaben zur relevanten Forschungsliteratur. Handbücher eignen sich von daher im besonderen Maße als Einstieg in ein Thema.

Beispiel eines Handbuchs
Otto, Hans-Uwe (Hg.): Handbuch Soziale Arbeit. Grundlagen der Sozialarbeit und Sozialpädagogik. München: Reinhardt 2011.

Beispiel eines Beitrags in einem Handbuch
Heiner, Maja: Diagnostik der sozialen Arbeit. In: Otto, Hans-Uwe (Hg.): Handbuch Soziale Arbeit. Grundlagen der Sozialarbeit und Sozialpädagogik. München: Reinhardt 2011, S. 237–250.

Es ist eine Sache, Forschungsergebnisse publik und somit der Wissenschaftsgemeinschaft zugänglich zu machen. Wissenschaft lebt aber davon, dass Wissenschaftler nicht nur publizieren, sondern darüber hinaus die Forschungsergebnisse anderer Wissenschaftler lesen und bei ihren eigenen Forschungen berücksichtigen. Bevor sich Publikationen lesen und zitieren lassen, müssen sie erst einmal gefunden werden. Das klingt trivial. Doch bereits ein flüchtiger Blick auf den Publikationsmarkt mit seinem vielfältigen Angebot an Publikationsformen und Herausgebern offenbart die Probleme, die bei einer Suche nach relevanter Forschungsliteratur zu überwinden sind. Denn seit der Etablierung der modernen Wissenschaft im 17. Jahrhundert lässt sich ein beständiges Anwachsen der Produktion neuen Wissens und damit auch der Anzahl wissenschaftlicher Publikationen beobachten. Dem Wissenschaftsforscher Derek J. de Solla Price zufolge verdoppelt sich unser Wissen alle 10 bis 15 Jahre. Manche Forscher gehen sogar davon aus, dass die Verdopplungsrate in den letzten Jahrzehnten noch einmal zugenommen hat. Gleichzeitig rücken als Adressaten wissenschaftlicher Publikationen immer mehr die globalen Wissenschaftsgemeinden in den Blick. Wissenschaft macht schon lange keinen Halt mehr an nationalen Grenzen. Diese Tendenz der Ausweitung des Publikums schlägt sich auch in der Publikationssprache nieder. In vielen Disziplinen hat sich inzwischen Englisch als Publikationssprache durchgesetzt. Den Überblick darüber zu behalten, welche neuen Veröffentlichungen zu einer Forschungsfrage auf dem Publikationsmarkt zu finden sind, stellt unter diesen Bedingungen eine echte Herausforderung dar.

Damit Wissenschaftler sich nicht in der allbekannten Suche nach der Nadel im Heuhaufen verlieren, werden wissenschaftliche Publikationen für die Recherche aufbereitet. Auf den folgenden Seiten werde ich auf die beiden wichtigsten Verfahren der Erschließung wissenschaftlicher Publikationen näher eingehen: die formale und die inhaltliche Erschließung.

1.2 Erschließung wissenschaftlicher Informationen

1.2.1 Formale Erschließung

Formale Erschließung

Bei der formalen Erschließung werden Publikationen nach ihren „äußerlichen" Merkmalen beschrieben. Wer war der Autor bzw. Herausgeber der Publikation? Über welchen Titel verfügt das Dokument? In welchem Jahr wurde es veröffentlicht? Um welche Publikationsform handelt es sich überhaupt? Ist es ein Aufsatz, der in einer Zeitschrift oder einem Sammelband publiziert wurde? Oder liegt eine Monographie vor? Ist die Publikation vielleicht Bestandteil einer Serie? Die formale Erschließung dient also in erster Linie (wenn auch nicht ausschließlich) der bibliographischen Beschreibung. Nun hat man mit der bloßen Beschreibung noch nichts gewonnen. Damit sich die Informationen der formalen Beschreibung für eine Recherche nutzen lassen, müssen sie noch in einem mit Suchfunktionen ausgestatteten Ordnungssystem – das kann z.B. ein Bibliothekskatalog oder eine Fachdatenbank sein – verzeichnet werden. Erst solche Ordnungssysteme eröffnen Nutzern die Möglichkeit, gezielte Recherchen nach Publikationen von einem bestimmten Autor oder nach dem Standort eines Titels innerhalb der Bibliothek durchzuführen.

Die auf formalen Kriterien beruhende Recherche hat allerdings mit einem schwerwiegenden Problem zu kämpfen. Sie setzt ein Vorwissen über Autoren oder Publikationen voraus, die für das eigene Thema relevant sein könnten. Ein Beispiel: Sie beschäftigen sich mit den historischen Wurzeln der Reformpädagogik und haben ein Buch des Pädagogen Jürgen Oelkers in der Hand, das genau dieses Thema zu seinem Gegenstand macht. Was liegt also näher, als nach anderen Publikationen desselben Autors zu suchen? Vielleicht durchforsten Sie auch das Literaturverzeichnis des Buchs und hoffen darauf, weitere lohnende Treffer zu entdecken. Der Blick in den Bibliothekskatalog offenbart Ihnen dann, an welchen Bibliotheksstandorten Sie welche Publikationen finden können. Was aber, wenn Ihnen dieses Vorwissen fehlt? Wie lässt sich Literatur recherchieren, wenn Sie mehr oder minder bei null beginnend lediglich über das Thema Ihrer Arbeit verfügen?

1.2.2 Inhaltliche Erschließung

Während sich die formale Erschließung ausschließlich für die äußerlichen Merkmale einer Publikation interessiert, rückt mit der inhaltlichen Erschließung die im Text behandelte Forschungsfrage in den Fokus. Das Ziel der inhaltlichen Beschreibung ist es, den Gegenstand der Publikation zu erfassen und zu beschreiben. In den meisten Fällen beruht sie auf einer intellektuellen Auswertung der Publikation durch wissenschaftlich ausgebildete Bibliothekare und Dokumentare. Zwei unterschiedliche Verfahren haben sich dabei im Zeitverlauf herausgebildet: die klassifikatorische und die verbale Erschließung.

Inhaltliche Erschließung

Klassifikatorische Erschließung

Seitdem der Mensch Schrift als ein Kommunikations- und Erinnerungsmedium für sich entdeckt hat, gibt es Versuche, mit Hilfe von Klassifikationssystemen die Wiederfindbarkeit des in den Schriftstücken festgehaltenen Wissens zu verbessern. Klassifikationssysteme sind Wissensordnungen, die einzelne Wissensbereiche voneinander abzugrenzen und in ihrer Vielschichtigkeit abzubilden versuchen. Die meisten Klassifikationssysteme verfügen über eine hierarchische Baumstruktur. Ausgehend von einer Oberklasse verzweigen sie sich in eine Vielzahl von Unterklassen. Die jeweiligen Unterklassen beschreiben spezifische Aspekte der Oberklasse, denen sie zugehören. Jede Klasse erhält eine aus Buchstaben und/oder Zahlen bestehende Kennung (Notation). Diese Kennung ist Ausdruck sowohl eines individuellen Standorts innerhalb des Klassifikationssystems als auch einer Beziehung zu anderen Klassen. Durch das Vergeben von Notationen lassen sich also Publikationen bestimmten Klassen innerhalb eines Klassifikationssystems zuordnen. In Deutschland werden für die klassifikatorische Erschließung vor allem die Regensburger Verbundklassifikation (RVK) und die Dewey Decimal Classification (DDC) verwendet.

Das folgende Beispiel verdeutlicht die hinter der klassifikatorischen Erschließung stehende Logik: Die Publikation „Schule der Zukunft? Vision und Realität der schwedischen Skola 2000" von Johannes Möhler wurde nach der Regensburger Verbundklassifikation mit der Notation *DK 1028* erschlossen. Zur besseren Orientierung zeigt ihnen Abb. 1 einen kleinen Ausschnitt aus der Regensburger Verbundklassifikation. Schauen wir uns zunächst die für unsere Publikation relevanten Ober- und Unterklassen an:

 1. Ebene: D Pädagogik
  2. Ebene: DK Schulpädagogik
   3. Ebene: DK 1020-DK 1029 Schulreform, Schulversuch
    4. Ebene: **DK 1028** Skandinavien

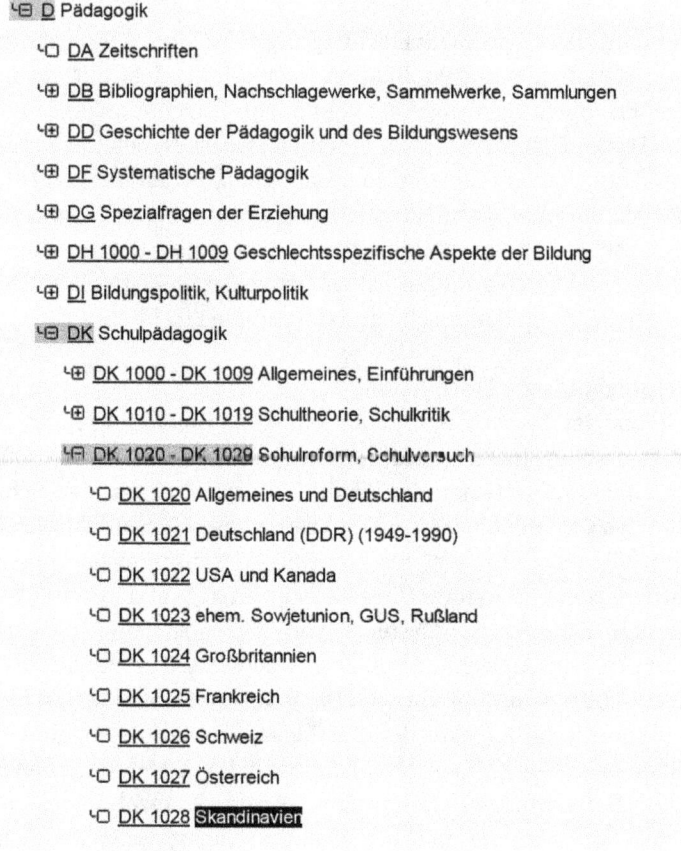

Abb. 1: Ausschnitt Regensburger Verbundklassifikation (RVK)

In der Regensburger Verbundklassifikation steht das Buchstabenkürzel D für die Fachdisziplin Pädagogik. Alle Publikationen mit einer explizit pädagogischen Fragestellung sollten in dieser Klasse verzeichnet sein. Eine Differenzierung der Fachdisziplin Pädagogik in Teildisziplinen erfolgt mittels der Unterklassen. DK bezeichnet den Gegenstandsbereich *Schulpädagogik*. Auf der gleichen Ebene findet sich unter dem Kürzel DD *Literatur zur Geschichte der Pädagogik und des Bildungswesens* und unter dem Kürzel DF *Literatur zur Systematischen Pädagogik*. Gehen wir eine Ebene tiefer, werden neben den Buchstaben zusätzlich Zahlen für die Kennzeichnung von Unterklassen verwendet. In der Unterklasse DK *Schulpädagogik* ist der Bereich DK 1020-DK 1029 für Publikationen reserviert, die sich mit Schulreformen und Schulversuchen beschäftigen. Die Unterklasse bietet

Raum, die in diesen Bereich einzuordnende Literatur nach Ländern zu sortieren. Innerhalb des Notationsbereichs findet sich schließlich auch die Notation DK 1028. Dieser Klasse werden Publikationen aus der Pädagogik zum schulpädagogischen Thema Schulreformen und Schulversuche in Skandinavien zugeordnet. Für Publikationen mit einem anderen länderspezifischen Blickwinkel auf das gleiche Thema sind die angrenzenden Klassen vorgesehen. Klassifikationssysteme eignen sich somit hervorragend, um sich einzelnen Wissensgebieten anzunähern, ohne dabei den Blick auf angrenzende Bereiche zu verlieren.

Verbale Erschließung
Die klassifikatorische Erschließung ermöglicht eine Recherche nach Publikationen, die sich thematisch mit einer bestimmten Forschungsfrage innerhalb eines Wissensgebiets beschäftigen. Sie arbeitet mit einem Klassifikationssystem, das sich in eine Vielzahl von Klassen untergliedert. Ein Problem der klassifikatorischen Erschließung besteht nun darin, dass die Klassen relativ grobe und starre Kategorien darstellen, mit denen eine ins Detail gehende inhaltliche Beschreibung kaum möglich ist. Teilweise bilden die Klassen Sammelbecken für Publikationen mit völlig unterschiedlichen thematischen Schwerpunktsetzungen und Argumentationslinien. Ein weitaus flexibleres Beschreibungsinstrument bietet die verbale Erschließung. Sie erfolgt in der Regel mit Hilfe von Schlagworten (Deskriptoren). Schlagworte sind Begriffe, die zur inhaltlichen Beschreibung eines Dokuments vergeben werden. Da die verbale Beschreibung in den seltensten Fällen mit einem einzigen Schlagwort gelingt, bildet man aus mehreren Begriffen zusammengesetzte Schlagwortfolgen. Im Gegensatz zur klassifikatorischen Erschließung mit ihrem nach formalen Regeln aufgebauten Notationssystem entspringen Schlagworte der natürlichen Sprache bzw. dem Sprachgebrauch der Wissenschaft. Bei der Recherche sind sie somit wesentlich intuitiver zu verwenden.

Rationalisierung und Bildung bei Max Weber
Zusatz zum Titel: Beiträge zur Historischen Bildungsforschung
Hrsg./Bearb.: Oelkers, Jürgen ¬[Hrsg.]
Ort, Verlag, Jahr: Bad Heilbrunn, Klinkhardt, 2006
Umfang: 269 S.
Schlagwort: Weber, Max,Bildung,Rationalität,Modernisierung,Aufsatzsammlung
ISBN: 3-7815-1449-8

Abb. 2: Trefferanzeige im OPAC der UB Erlangen-Nürnberg

Abb. 2 zeigt einen Katalogeintrag des im Jahr 2006 im Klinkhard Verlag von Jürgen Oelkers herausgegebenen Sammelbands *Rationalisierung und Bildung bei Max Weber. Beiträge zur Historischen Bildungsforschung*. Inhaltlich wird die Publikation mit den Schlagworten „Weber, Max", „Bildung", „Rationalität", „Modernisierung" und „Aufsatzsammlung" beschrieben. Das Beispiel macht deutlich, dass Schlagwörter nicht unbedingt im Buchtitel vorkommen müssen. Der Grund hierfür liegt auf der Hand. Denn nicht immer spiegelt der Titel auch den Inhalt der Publikation vollständig wider. Die Vergabe von Schlagwörtern erfolgt dabei keineswegs beliebig. Vielmehr entstammen Schlagwörter einem so genannten *kontrollierten Vokabular*. Das kontrollierte Vokabular ist ein Verzeichnis von Begriffen, die zur inhaltlichen Beschreibung verwendet werden dürfen. Zur inhaltlichen Beschreibung stehen unterschiedliche Arten von Schlagwörtern zur Verfügung:

- **Sachschlagwörter** beziehen sich auf den Inhalt eines Einzelgegenstands oder einer Gattung von Gegenständen.
  Beispiele: Bildung; Modernisierung; Menschheit

- **Personenschlagwörter** werden bei Dokumenten verwendet, die über das Leben oder Werk einer Person handeln.
  Beispiele: Weber, Max; Herbart, Johann Friedrich

- **Geographisch-ethnographische Schlagwörter** beschreiben den regionalen Bezug einer Publikation. Das können Kontinente, Staaten oder Staatengruppen, aber auch Meere, Flüsse, Gebirge sein.
  Beispiele: Europa; Deutschland; Entwicklungsländer

- **Zeitschlagwörter** liefern Angaben des in dem Dokument behandelten historischen Zeitpunkts bzw. Zeitraums.
  Beispiele: Geschichte 1600–1750; Ideengeschichte

- **Formschlagwörter** kennzeichnen die literarische Form eines Dokuments.
  Beispiele: Aufsatzsammlung; Lehrbuch; Enzyklopädie; Atlas

Glücklicherweise müssen Sie bei einer Schlagwortsuche in einem Bibliothekskatalog oder einer Fachdatenbank nicht genau festlegen, welche Schlagwortart Sie verwenden möchten. Die Schlagwortsuche bezieht automatisch alle Schlagwortarten mit ein. Sie müssen sich also Ihren Kopf nicht darüber zerbrechen, ob der Suchbegriff „Aufklärung" als Sach- oder Zeitschlagwort zu behandeln ist. Das würde die Recherche unnötig verkomplizieren. Und doch ist es durchaus hilfreich, sich der unterschiedlichen Schlagwortarten bewusst zu sein. Mit Hilfe einer Schlagwortsuche kann man eben nicht nur Literatur zu einem bestimmten Sachthema (Bildung, Sozialpädagogik), sondern auch Sekundärliteratur zu Werken eines wichtigen Autors, Literatur über ein Land oder eine Epoche finden. Durch die Kombination verschiedener Schlagworte und Schlagwortarten lassen sich Suchanfragen sehr genau formulieren. Wir werden uns im Kapitel 3.2 *Wer (richtig) sucht, der findet* noch ausführlicher mit der Schlagwortsuche beschäftigen. Zunächst wollen wir uns allerdings der Frage zuwenden, welche Vorarbeiten für eine systematische Literaturreche zu leisten sind.

Kennzeichen wissenschaftlicher Publikationen		Zusammenfassung
Thema	Forschungsproblem innerhalb einer Fachdisziplin	
Sprache	Fachsprache	
Authentizität	Autor eindeutig belegt	
Zielgruppe	Fachwissenschaftler	
Verlag	spezialisiert auf Wissenschaft	
Qualitätssicherung	Peer Reviewing / Herausgeberteam	
Nachvollziehbarkeit	Zitation wissenschaftlicher Quellen, Bereitstellung eigener Forschungsdaten	
Erschließungsverfahren	Klassifizierung / Verschlagwortung	
Zugänglichkeit	recherchierbar in Bibliothekskatalogen und Fachdatenbanken	
Nachhaltigkeit	Gewährleistung einer dauerhaften Verfügbarkeit	

2 Aller Anfang ist schwer – Die Rechercheplanung

Freud und Leid einer Literaturrecherche liegen oft nah beieinander. Insbesondere bei Studienanfängern hängt das persönliche Empfinden, ob ein Hausarbeitsthema gut oder schlecht gewählt wurde, stark vom Erfolg der Literaturrecherche ab. Lässt sich geeignete Literatur schnell und problemlos auffinden, stellt sich ein Gefühl der Erleichterung ein. Erfolgreiche Literaturrecherchen wirken geradezu wie eine Bestätigung, bei der Themenwahl alles richtig gemacht zu haben. Literaturrecherchen können mitunter aber auch hohe Frustrationspotenziale bergen. Vielleicht haben Sie sich selbst schon einmal in der Situation befunden, eine Hausarbeit verfassen zu wollen (oder zu müssen), zu deren Thema Sie keine oder nur sehr wenig Literatur finden. Oder Sie recherchieren nach einem Thema und erhalten eine Treffermenge, deren enormer Umfang Sie schier zu erschlagen droht. Treten solche Rechercheprobleme auf, macht sich schnell Unsicherheit breit. Versprechen andere Rechercheinstrumente bessere Ergebnisse? Wurden die richtigen Recherchebegriffe verwendet? Wie lassen sich aus der Unmenge an Treffern die geeignetsten herausfischen? Nicht selten reift in solchen Momenten der Unsicherheit die Überzeugung heran, das Thema sei für eine Bearbeitung völlig ungeeignet. Die Hausarbeit scheint zum Scheitern verurteilt, bevor auch nur ein Wort zu Papier gebracht wurde.

Häufig sind die Gründe für zu große oder zu kleine Treffermengen in einer unzureichenden Rechercheplanung zu suchen. Dem Trial-and-Error-Prinzip folgend füllen wir die Suchmaske unseres Rechercheinstruments mit Begriffen aus, die uns spontan in den Sinn kommen. Bei dieser intuitiven Vorgehensweise spielt die Quantität und Qualität der mit einer Rechercheanfrage erzielten Treffer eine eher untergeordnete Rolle. Bei den allermeisten Rechercheanlässen reicht es auch vollkommen aus, dass sich unter der Treffermenge genau ein Treffer befindet, der uns eine Antwort auf unsere Frage liefert. Nehmen wir z.B. an, Sie stehen mitten in Ihrer Urlaubsplanung und wollen wissen, wann am Tag X ein Zug von Ort Y nach Ort Z fährt. Eine Suche in Google mit den Begriffen „Bahn" und „Fahrplan" ergibt sage und schreibe über 4 Mio. Treffer. Allerdings bietet uns bereits die erste Seite der Trefferanzeige die Möglichkeit, die Fahrplanauskunft der Deutschen Bahn um Rat zu fragen. Ob die restlichen Treffer ebenfalls etwas mit unserer Frage zu tun haben, ist für uns nicht weiter von Interesse. Unser Informationsbedürfnis wurde bereits durch den Link auf der ersten Seite der Trefferanzeige gestillt. Gegenüber dieser wenig komplexen Suche nach einer bestimmten Information stellt eine wissenschaftliche Literaturrecherche völlig andere Anforderungen an die Treffermenge. Ihre (idealtypische!) Zielsetzung besteht darin, zu einer Fragestellung *möglichst alle* in einer Informationsquelle verfügbaren *relevanten* Informationen aufzuspüren. Wer dieses Ziel auch nur ansatzweise erreichen möchte, sollte sein Recherchevorgehen gut durchdenken und einige Recherchekompetenzen beherrschen. In diesem Kapitel wollen wir uns dementsprechend mit der Frage beschäftigen, wie man die Planung einer systematischen Literatursuche am besten angeht.

2.1 Vom Forschungsthema zur Forschungsfrage

Jede Recherche nimmt ihren Ausgang bei einem Informationsbedürfnis. Informationsbedürfnisse entstehen in der Auseinandersetzung mit Problemen, die sich auf der Basis des eigenen Wissensstands nicht oder nur unzureichend lösen lassen. Im Gegensatz zur reinen Neugierde – der Faszination am Neuen und Unvertrauten, am noch nicht Gewussten – sind Informationsbedürfnisse stets lösungsorientiert. Sie setzen eine mehr oder minder klare Vorstellung der für die Problemlösung erforderlichen Informationen voraus. Dem Informationsbedürfnis dient die Recherche als Mittel, um an die für die Problemlösung benötigten Informationen zu gelangen. Etwas überspitzt formuliert lässt sich sagen: Wer recherchiert, weiß was er sucht. Die Frage ist nur: Kann er das, was er sucht, auch finden?

Jede wissenschaftliche Literaturrecherche setzt als ihren Ausgangspunkt eine Forschungsfrage voraus. Bevor Sie sich an die Rechercheplanung begeben, müssen Sie also zunächst festlegen, welches Problem Sie mit welchem Lösungsansatz bearbeiten möchten. Achten Sie darauf, dass Sie sich für die Formulierung Ihrer Forschungsfrage ausreichend viel Zeit nehmen. Denn die Forschungsfrage bildet das Fundament, auf dem die Argumentation einer wissenschaftlichen Arbeit aufbaut. Je besser es Ihnen gelingt, eine präzise Forschungsfrage zu formulieren, umso leichter fällt Ihnen später die Gliederung Ihrer Arbeit. Die Forschungsfrage sollte sich dabei wie ein roter Faden durch sämtliche Kapitel Ihrer Arbeit hindurchziehen. Mit jedem Kapitel bewältigen Sie eine kleine Etappe hin zur Lösung des von Ihnen aufgeworfenen Problems.

Die Forschungsfrage liefert Ihnen aber nicht nur eine Anleitung für die Gliederung Ihrer wissenschaftlichen Arbeit. Sie hat zudem einen beträchtlichen Einfluss darauf, wie Sie von Ihrer Gutachterin bzw. Ihrem Gutachter wahrgenommen werden. Mit einer gelungenen Forschungsfrage stellen Sie nämlich Ihre Kenntnisse innerhalb eines Forschungsfeldes unter Beweis. Ohne solides Vorwissen wäre es Ihnen kaum möglich gewesen, eine für die Wissenschaft interessante Problemstellung herauszuarbeiten. Keine Sorge, niemand erwartet von Ihnen, dass Sie ein Forschungsfeld mit Ihren innovativen Ideen und Ansätzen revolutionieren. Sie sollten es auch tunlichst vermeiden, derartige Ansprüche anzumelden. Ihre Aufgabe ist es lediglich, zu zeigen, dass Sie Probleme innerhalb eines Forschungsfeldes zu erkennen und zu bearbeiten imstande sind.

Das Formulieren einer Forschungsfrage stellt eine echte Herausforderung dar. Und glauben Sie nicht, dass es erfahrenen Wissenschaftlern dabei wesentlich besser als Ihnen ergeht. Wie nimmt man diese Herausforderung am besten in Angriff?

Um eine Forschungsfrage aufstellen zu können, müssen Sie zunächst einmal Probleme innerhalb eines Forschungsfeldes identifizieren. Beginnen Sie damit, den zu bearbeitenden Gegenstandsbereich – das Thema Ihrer Arbeit – einzugrenzen. Haben Sie bei der Themenwahl

Forschungsthema

freie Hand, sollten Sie unbedingt Ihrem persönlichen Interesse folgen. Ihr persönliches Interesse immunisiert Sie bis zu einem gewissen Grad gegen etwaige Schwierigkeiten, die bei der Bearbeitung Ihres Themas auftreten können. Denn wer sich für das, was er tut, interessiert, lässt sich nicht so schnell demotivieren. Überlegen Sie sich also, zu welchem Thema Sie sich ein Expertenwissen aneignen möchten. Präzisieren Sie Ihr Thema, indem Sie es von anderen denkbaren Themen abgrenzen. Ein Beispiel: Im Rahmen Ihrer Arbeit möchten Sie sich mit kindlichen Lernprozessen, nicht aber mit dem Lernen von Erwachsenen beschäftigen. Vermeiden Sie unter allen Umständen zu breit aufgestellte Themenbereiche. Stellen Sie sich beispielsweise vor, Sie stehen vor der Aufgabe, eine Seminararbeit über Lerntheorien zu schreiben. Ein ambitioniertes, aber wahrlich aussichtsloses Vorhaben! Oder sind Sie gewillt, die nächsten Jahre Ihres Lebens dafür zu verwenden, sich mit unterschiedlichen lerntheoretischen Ansätzen und Strömungen sowie zahllosen Forschungsfeldern innerhalb der Lerntheorie zu beschäftigen? Bei dem Gegenstand „Lerntheorie" kann es sich also allenfalls um ein Rahmenthema handeln, das für die konkrete Bearbeitung weiter zugeschnitten werden muss. Schauen wir uns im Folgenden drei unterschiedliche Ansatzpunkte an, die sich für eine thematische Eingrenzung anbieten:

(1) Systematische und historische Betrachtung pädagogischer Grundbegriffe

Was sind Grundbegriffe?

Jede Fachdisziplin verfügt über eine gewisse Anzahl von Grundbegriffen, mit denen sie ihre Untersuchungsobjekte definiert und die Grenzen ihres Gegenstandsbereichs absteckt. Grundbegriffe geben Aufschluss darüber, wie eine Fachdisziplin Phänomene der Welt erfasst, voneinander unterscheidet und miteinander in Verbindung setzt. Ob diese Begriffe die Welt repräsentieren oder ob sie gar daran teilhaben, die Welt zu konstruieren, darüber ist man sich innerhalb der Wissenschaftstheorie weitestgehend uneins. Mit einfacheren Worten: Werden durch pädagogische Grundbegriffe wie z.B. Erziehung, Bildung und Sozialisation existierende Erziehungswirklichkeiten abgebildet oder werden die Erziehungswirklichkeiten erst durch die Begriffe geschaffen? Denn nur wer eine Vorstellung von dem hat, was Erziehung ist, kann auch erziehen.

Lassen wir diese theoretische Frage einmal beiseite. Grundbegriffe eignen sich hervorragend, um das Thema einer Seminar- oder Abschlussarbeit einzugrenzen. Es bietet sich z.B. an, die Verwendung eines Grundbegriffs innerhalb einer Theorie (*Der Begriff des Lernens im Behaviorismus*) oder innerhalb des Gesamtwerks eines Autors (*Der Begriff des Lernens bei Pawlow*) zu untersuchen. Vielleicht interessieren

Sie sich auch für den historischen Bedeutungswandel eines Begriffs. In diesem Fall wäre es Ihre Aufgabe, Kontinuitäten und Brüche in seiner Verwendung darzulegen. Hat sich die Vorstellung von dem, wie Kinder lernen, im Zeitverlauf verändert? Achten Sie bei historischen Arbeiten darauf, dass Sie die zu bearbeitende Zeitspanne nicht zu groß wählen. Picken Sie sich lieber eine bestimmte pädagogische Denktradition heraus und konfrontieren Sie diese mit Ihrem Forschungsgegenstand, z. B.: *Das kindliche Lernen in der Reformpädagogik.*

(2) Theorienvergleich

Theorien sind Angebote, die Welt bzw. einen Teilaspekt der Welt auf eine bestimmte Art und Weise systematisch zu beschreiben und zu erklären. Jede Theorie verfügt dabei über eine Reihe von Vorannahmen und Hypothesen, von denen ausgehend sie Aussagen über Zusammenhänge und Phänomene der beobachtbaren Wirklichkeit macht. Behavioristen etwa betrachten den Menschen als eine Reiz-Reaktionsmaschine. Um Lernprozesse erklären zu können, müssen sie dementsprechend zeigen, unter welchen Bedingungen externe Reize imstande sind, beim Menschen eine erwartbare Reaktion hervorzurufen. Die aus den Vorannahmen und Hypothesen einer Theorie abgeleiteten Aussagen über die Wirklichkeit müssen so formuliert sein, dass sich ihre Richtigkeit in der Wirklichkeit belegen lässt. Sie müssen, anders gesagt, für Dritte überprüfbar und nachvollziehbar sein.

Was ist eine Theorie?

Betrachtet man eine Theorie als ein Erklärungsangebot, das sich an der Realität zu bewähren hat, liegt es natürlich nahe, verschiedene Theorien im Hinblick auf ihre Aussagekraft miteinander zu vergleichen. Bei einem Theorienvergleich geht es darum, Gemeinsamkeiten und Unterschiede von Theorien herauszuarbeiten. Dabei ist es wichtig, zunächst einmal zu klären, in welcher Hinsicht Theorien miteinander verglichen werden sollen. Sie könnten z. B. kindliches Lernen zum Gegenstand Ihrer Arbeit machen und untersuchen, welche erzieherischen Einflussmöglichkeiten sich aus kognitivistischen und behavioristischen Lerntheorien ableiten lassen. Solche Theorievergleiche schließen stets mit einem Resümee, in dem Sie eine kritische Bewertung der konkurrierenden theoretischen Annahmen vornehmen.

(3) Untersuchung pädagogischer Handlungsfelder

In Abgrenzung zu theoretischen Wissenschaften wie z. B. die Physik, Chemie oder Philosophie betrachtet man die Pädagogik als eine Handlungswissenschaft. Als Handlungswissenschaft beobachtet und analysiert sie nicht nur pädagogische Wirklichkeiten, in denen Menschen miteinander interagieren. Ihr Anspruch ist es zudem, erzieherisches

Pädagogik als Handlungswissenschaft

Handeln im Hinblick auf die dem Handeln zugrunde liegenden Ziele und Werte zu optimieren. Neben dem Erklären von Handlungsabläufen geht es der Pädagogik also auch um das Aufstellen und Begründen von Handlungsregeln, die in einer Erziehungssituation Aussicht auf das Erreichen eines Erziehungsziels versprechen.

Bei der Festlegung des Themas Ihrer Arbeit bietet es sich dementsprechend an, einzelne pädagogische Praxisfelder genauer in den Blick zu nehmen und somit eher empirisch vorzugehen. Ihre Aufgabe würde dann darin bestehen, ein pädagogisches Praxisfeld zu beschreiben und Hypothesen zu dessen Gestaltung zu erarbeiten. So ließe sich etwa der Zusammenhang zwischen Gruppenarbeit und sozialem Lernen in der Schule untersuchen.

Für welche Möglichkeit der Themeneinschränkung Sie sich auch immer entscheiden: Behalten Sie stets Ihre eigene Fachdisziplin im Hinterkopf! Bereits im ersten Kapitel haben wir gesehen, dass die Art der Fragestellung wie auch die Wahl der Methoden maßgeblich von der jeweiligen Fachdisziplin abhängen. Gerade ein Thema wie Lernen lässt sich abhängig von der jeweiligen Fachdisziplin auf ganz unterschiedliche Art und Weise bearbeiten. Während die Psychologie eher die kognitiven und motivationalen Lernvoraussetzungen untersucht, steht bei der Pädagogik die Frage im Vordergrund, wie sich eine Erweiterung des Handlungsrepertoires einer Person durch Lernen erreichen lässt. Die Pädagogik interessiert sich, mit anderen Worten, für Lerninhalte, Lernziele und die Gestaltung von Lernumgebungen. Machen Sie sich immer wieder bewusst, welche Bedeutung Ihr Thema für Ihr Studienfach hat. Stellen Sie sich darüber hinaus die Frage, warum das Thema für den Leser von Interesse sein könnte. Je besser Sie die aktuellen Diskussionen innerhalb Ihrer Fachdisziplin kennen, umso leichter fällt es Ihnen, den wissenschaftlichen Wert einer Problemstellung abzuschätzen. Welche Möglichkeiten es gibt, auf dem Laufenden zu bleiben, werden wir uns in Kap. 4.5 genauer anschauen.

Forschungsfrage

Mit dem Thema haben Sie den inhaltlichen Gegenstandsbereich Ihrer Arbeit festgelegt. In einem nächsten Schritt geht es nun daran, ein Forschungsproblem zu benennen. Machen Sie nicht den Fehler, sich mit der thematischen Einschränkung Ihrer Arbeit zu begnügen. Wissenschaft geht es stets darum, neue Erkenntnisse zu erzielen. Sie benötigen also ein Problem, für das Sie eine Lösung erarbeiten möchten. Das Thema gibt lediglich den Rahmen vor, innerhalb dessen das Forschungsproblem zu verorten ist. Versuchen Sie, Ihr Problem in eine Frageform zu bringen. Die Frageform hilft Ihnen dabei, sich darüber im Klaren zu werden, was Sie zur Lösung des Problems leisten müssen. Behalten Sie beim Formulieren der Forschungsfrage im Blick, dass Sie diese vollständig im Rahmen Ihrer Arbeit beantworten müssen. Bringen Sie sich also nicht in die unangenehme Situation, ein zwar hochinteressantes, aber zeitlich nicht zu bewältigendes Forschungsprogramm aufzustellen.

Ausgehend von den oben beschriebenen Ansatzpunkten für die Themeneinschränkung folgen nun drei Beispiele für mögliche Forschungsfragen:

Systematische Betrachtung pädagogischer Grundbegriffe
Welche Rolle spielt das Erziehungsverhältnis zwischen Lehrenden und Lernenden in behavioristischen Lerntheorien?

Theorienvergleich
Welche Erklärungsansätze für Lernstörungen bieten kognitivistische und behavioristische Lerntheorien an?

Untersuchung pädagogischer Handlungsfelder
Mit welchen Lernmethoden lassen sich Lernerfolge bei heterogen zusammengesetzten Gruppen erzielen?

Beispiele für Forschungsfragen

Mit der Forschungsfrage verpflichten Sie sich auf ein Untersuchungsziel. Denn wer fragt – und hier schließt sich der Kreis, den ich am Anfang des Kapitels begonnen habe –, verfügt auch über eine Vorstellung von dem, was als Antwort infrage kommt.

Sie wollen zeigen, dass ...

– behavioristische Lerntheorien die mannigfaltigen Eigenheiten der Erziehungsverhältnisse zwischen Lehrenden und Lernenden ausblenden müssen, um Lernen als einen außengesteuerten Prozess der Wissensaneignung verstehen zu können.

– die unterschiedlichen Erklärungsansätze für Lernstörungen von dem jeweils zugrunde gelegten Verständnis des menschlichen Lernprozesses abhängen.

– sich bei heterogen zusammengesetzten Gruppen durch den Einsatz kooperativer Lernmethoden für jedes Mitglied ein Lerngewinn erzielen lässt.

Bevor Sie sich an das Schreiben einer Haus- oder Abschlussarbeit begeben, sollten Sie sich stets die folgenden Fragen beantworten:
– Was ist mein Forschungsgegenstand?
– Welche Forschungsfrage möchte ich bearbeiten? Was sind meine Hypothesen?
– Worin liegt die Forschungsrelevanz meiner Arbeit? Warum ist sie wichtig?

Tipp

2.2 Nachschlagewerke – Der schnelle Einstieg in ein Forschungsthema

Natürlich lässt sich eine Forschungsfrage nicht einfach aus dem Bauch heraus formulieren. Um eine überzeugende Forschungsfrage ausarbeiten zu können, benötigen Sie vielmehr ein gewisses Vorwissen über das zu bearbeitende Thema und die zentralen Begrifflichkeiten. Als Einstieg in ein Thema bieten sich Nachlagewerke an. In Nachschlagewerken werden nicht nur Theorien, Begrifflichkeiten und wichtige Persönlichkeiten in kurzer und prägnanter Weise dargestellt. Viele Nachschlagewerke geben darüber hinaus Empfehlungen für weiterführende Literatur. Welche Art von Nachschlagewerk Sie als erstes zu Rate ziehen sollten, hängt von Ihrem persönlichen Wissensstand ab. Fehlt Ihnen jedwedes Vorwissen, spricht nichts gegen einen Griff zu allgemeineren Nachschlagewerken. Belassen Sie es aber nicht dabei. Erst fachspezifische Nachschlagewerke geben Ihnen einen Einblick in fachtypische Begriffsverwendungen. Nehmen Sie z. B. den Begriff der Integration. In unserem allgemeinen Sprachgebrauch verstehen wir unter Integration die Herstellung einer Einheit bzw. die Eingliederung eines wie auch immer gearteten Elements in eine Einheit. Neben dieser allgemeinen Begriffsverwendung existieren zahllose fachspezifische Bedeutungsvarianten. Die Psychologie begreift unter Integration das einheitliche Zusammenwirken verschiedener psychischer Prozesse (z. B. Wahrnehmen, Denken, Fühlen, Wollen). In der Soziologie steht der Begriff für die Eingliederung von separierten, vormals ausgeschlossenen Personen bzw. Personengruppen in eine Gemeinschaft. Die Schulpädagogik verengt diese Bedeutungsvariante auf die Einbindung von Menschen mit Behinderung in den Schulunterricht. Das Beispiel macht deutlich, dass bei der Klärung von Begrifflichkeiten kein Weg an fachspezifischen Nachschlagewerken vorbeiführt. Selbst in Nachschlagewerken ein und derselben Fachdisziplin lassen sich nicht selten Begriffsdefinitionen mit ganz unterschiedlichen inhaltlichen Schwerpunkten entdecken. Zur Annäherung an den eigenen Forschungsgegenstand empfiehlt es sich von daher, stets einen Blick in mehrere Nachschlagewerke zu werfen. Auf den nächsten Seiten finden Sie eine Auswahl wichtiger allgemeiner und fachspezifischer Nachschlagewerke.

Enzyklopädien

Für eine erste Annäherung an ein Thema können Enzyklopädien durchaus hilfreich sein. Im Gegensatz zu den fachspezifischen Nachschlagewerken behandeln Enzyklopädien Themen aller Wissensgebiete und erheben somit einen Universalitätsanspruch. Ihr Ziel ist es, sich den einzelnen Gegenständen und Sachthemen in einer allgemeinverständlichen Sprache anzunähern. Zu den bekanntesten und umfassendsten Enzyklopädien gehören der Brockhaus und die Encyclopedia Britannica. Beide Enzyklopädien liegen inzwischen auch als Online-Ausgabe vor. Prüfen Sie also, ob Ihre Bibliothek eine Lizenz abgeschlossen hat und Ihnen einen Online-Zugang ermöglicht.

Zu den Nachschlagewerken mit Universalitätsanspruch gehört auch die im Jahre 2001 ins Leben gerufene freie Enzyklopädie Wikipedia. Von der Wikipedia liegen verschiedene Sprachausgaben vor, die unabhängig voneinander permanent weiterentwickelt werden. So sind seit ihrer Gründung knapp 1,5 Mio. deutschsprachige Artikel entstanden. Die englischsprachige Wikipedia weist sogar über 4 Mio. Einträge nach. Abhängig von Ihren persönlichen Sprachkenntnissen macht es also durchaus Sinn, neben der deutschen auch die englische oder vielleicht auch die französische Wikipedia zu Rate zu ziehen. Sie sollten Ihr Wissen allerdings nicht alleine aus Wikipedia schöpfen. Denn im Gegensatz zu den fachspezifischen Nachschlagewerken, an denen in der Regel renommierte Wissenschaftler mitgearbeitet haben, ist Wikipedia das Produkt von Laien. Das muss keineswegs ein Nachteil sein. Allerdings verfügt Wikipedia über kein Redaktionsteam, das für die Qualität ihrer Inhalte bürgt. Insbesondere bei Nischenthemen, bei denen eine Qualitätskontrolle durch die Internetgemeinde nicht gewährleistet ist, können Einträge mit zweifelhafter Qualität unhinterfragt Eingang in die freie Enzyklopädie finden. Hinzu kommt, dass die von jedermann und jederzeit nutzbare Möglichkeit, Inhalte zu verändern oder weiterzuentwickeln, Tür und Tor für absichtliche Verfälschungen und Löschungen öffnet. Der „basisdemokratische" Grundgedanke hinter Wikipedia lässt sich so von Interessengruppen dazu missbrauchen, Politik in eigener Sache zu betreiben.

Ungeachtet dieser Probleme bleibt festzuhalten: Die freie Enzyklopädie Wikipedia ist ein (in den allermeisten Fällen) hochwertiges Nachschlagewerk, das sich hervorragend für den ersten Einstieg in ein Thema eignet. Ein Ersatz für fachspezifische Nachschlagewerke ist sie jedoch nicht!

Sachlexika (Fachwörterbücher) erklären und definieren Grundbegriffe einer Fachdisziplin. In der Regel werden die Begriffe nicht systematisch, also nach einem übergeordneten Themenbereich, sondern nach ihrer alphabetischen Reihenfolge in kurzen, prägnanten Artikeln abgehandelt. Allerdings weisen die einzelnen Artikel häufig Querverweisungen auf andere Begriffe auf, aus denen sich thematische Zusammenhänge erschließen lassen. Viele Sachlexika führen auch belegende oder weiterführende Literatur auf und eignen sich somit als Einstieg in eine tiefergehende Auseinandersetzung mit dem jeweiligen Gegenstand.

Sachlexika

Böhm, Winfried: Wörterbuch der Pädagogik. 16., vollst. überarb. Aufl. Stuttgart: Kröner 2005.

Schaub, Horst; Zenke, Karl G.: Wörterbuch Pädagogik. Grundlegend überarb., aktualisierte und erw. Neuausg. München: Deutscher Taschenbuch-Verlag 2007.

Tenorth, Heinz E.; Tippelt, Rudolf (Hg.): Beltz Lexikon Pädagogik. Studienausgabe. Weinheim / Basel: Beltz Verlag 2012.

Personenlexika

Personenlexika geben Ihnen einen geistesgeschichtlichen Überblick über die Lebensdaten und Biographien von Persönlichkeiten, die mit ihrem Denken eine Fachdisziplin oder ein Teilgebiet einer Fachdisziplin maßgeblich beeinflusst haben. In kurzen Aufsätzen oder Kapiteln zeichnen sie die wichtigsten Gedanken dieser Klassiker, ihr kulturelles und soziales Umfeld sowie ihre Bedeutung für bestimmte Denktraditionen nach. Wer sich mit einem Klassiker tiefergehend auseinandersetzen möchte, findet in Personenlexika in der Regel auch Empfehlungen für Primär- und Sekundärliteratur.

Dollinger, Bernd (Hg.): Klassiker der Pädagogik. Die Bildung der modernen Gesellschaft. Wiesbaden: VS Verlag 2012.

Palmer, Joy (Hg.): Fifty major thinkers on education. From Confucius to Dewey. London [u.a.]: Routledge 2001.

Tenorth, Heinz-Elmar: Klassiker der Pädagogik. 2 Bde. München: Beck 2010/2012.

Werklexika

In Werklexika werden für die Entwicklung und Methodik einer Fachdisziplin bedeutsame Schriften vorgestellt. Die Abhandlung der Werke erfolgt in Artikeln, die zumeist nur wenige Seite umfassen. Aufgrund ihrer Kürze können die Artikel natürlich keinen gleichwertigen Ersatz für eine vollständige Lektüre der Werke selbst bieten. Wer aber zu einem Buch eine erste Einführung in das abgehandelte Problem sowie Erläuterungen zu dessen historischen Entstehungskontext sucht, der findet in Werklexika eine wertvolle Hilfe. Werklexika eignen sich von daher hervorragend als Vorbereitung auf die eigentliche Lektüre.

Böhm, Winfried; Fuchs, Birgitta; Seichter, Sabine (Hg.): Hauptwerke der Pädagogik. Paderborn: Schöningh 2011.

Prange, Klaus: Schlüsselwerke der Pädagogik. 2 Bde. Stuttgart: Kohlhammer 2008/2009.

Begriffsgeschichtliche Wörterbücher

Begriffsgeschichtliche Wörterbücher untersuchen den Gebrauch von Begriffen aus einer ideen- und sozialgeschichtlichen Perspektive. Sie beschreiben, mit anderen Worten, den Wandel von Bedeutungen einzelner Begriffe (z.B. Familie, Wohlfahrt) wie auch ihrer sozialen Funktionen im Laufe der Jahrhunderte bis heute. Vielleicht kennen Sie das von Phillipe Ariès verfasste Buch „Geschichte der Kindheit". In dem Buch weist Ariès einen Zusammenhang zwischen dem historischen Wandel von Kindheitsbildern und der Formulierung von Erziehungszielen sowie der Institutionalisierung von Erziehungspraktiken nach. Solche begriffsgeschichtliche Untersuchungen – in der Wissenschaft spricht man häufig auch von Untersuchungen zur „historischen Semantik" – haben vor allem in der Geschichtswissenschaft und Philosophie eine lange Tradition. Und so wundert es nicht, dass die beiden umfassendsten begriffsgeschichtlichen Nachschlagewerke eben aus diesen Fachdisziplinen stammen. Allerdings beinhalten sie auch zahlreiche für die Pädagogik relevante Einträge.

Benner, Dietrich; Oelkers, Jürgen (Hg.): Historisches Wörterbuch der Pädagogik. Weinheim/Basel: Beltz 2004.

Brunner, Otto; Conze, Werner; Koselleck; Reinhart (Hg.): Geschichtliche Grundbegriffe: Historisches Lexikon zur politisch-sozialen Sprache in Deutschland. 8 Bände in 9. Stuttgart: Klett-Cotta 1972–1997.

Ritter, Joachim; Gründer, Karlfried; Gabriel, Gottfried (Hg.): Historisches Wörterbuch der Philosophie. 13 Bde. Basel [u.a.]: Schwabe 1971–2007.

2.3 Von der Forschungsfrage zu den Recherchebegriffen

Nachdem Sie Ihre Forschungsfrage ausformuliert haben, geht es daran, die wichtigsten Aspekte Ihres Themas näher zu bestimmen. Überlegen Sie sich zunächst Unterfragen, die für die Bearbeitung Ihres Forschungsproblems relevant sein könnten. Gerade bei komplexeren Forschungsproblemen müssen Sie einiges an Vorarbeit leisten. Denn jede wissenschaftliche Arbeit sieht sich vor die Aufgabe gestellt, selbst das Fundament zu legen, auf dem sie ihre Argumentation aufbaut. Sie darf also nicht den Fehler begehen, beim Leser zu viel Vorwissen vorauszusetzen. Im Nachfolgenden gebe ich Ihnen ein Beispiel, wie sich die Beantwortung einer Forschungsfrage durch das Stellen von Unterfragen schrittweise angehen lässt.

Beispiel eines Forschungsprojekts

Forschungsgegenstand: Frühkindliche Bildungsmaßnahmen

Forschungsfrage: Welche Rolle spielen frühkindliche Bildungsförderungsmaßnahmen bei der Vermeidung von Schulversagen und Kompensation sozialer Benachteiligung?

Forschungsziel: Zu zeigen gilt es, dass sich mit Hilfe von frühkindlichen Bildungsförderungsmaßnahmen die Gefahr negativer Schulkarrieren von Kindern aus sozial benachteiligten Familien verringern lässt.

Unterfragen

1. Schritt: Beschreibung des Ausgangsproblems
Besteht ein direkter Zusammenhang zwischen sozialer Herkunft und verminderten Bildungschancen von Kindern?

2. Schritt: Ursachenanalyse des Ausgangsproblems
Was sind Merkmale frühkindlichen Lernens?
Welche Bedeutung haben die ersten Lebensjahre für die kindliche Entwicklung?
Welche Rolle spielen soziale Lernmilieus für die kindliche Entwicklung?

3. Schritt: Ansatzpunkte für die Problemlösung
Worin liegen Möglichkeiten und Grenzen der Früherziehung?
Welche Bildungsförderungsmaßnahmen gibt es wofür?

4. Schritt: Praktische Umsetzbarkeit theoretischer Problemlösungsansätze
Wie lassen sich Bildungsförderungsmaßnahmen in der frühkindlichen Erziehung verankern?

Durch das Stellen und Beantworten von Unterfragen gewinnt eine wissenschaftliche Arbeit ihre Struktur. Sie ähnelt dabei einem prachtvollen Mosaik, das sich aus einer Vielzahl kleiner Mosaiksteinchen zusammensetzt. Zwar verfügt jedes Mosaiksteinchen über seine eigene Form und kann von daher je für sich betrachten werden. Seine Bedeutung innerhalb des Mosaiks erhält es jedoch erst aus dem im Zusammenspiel aller Steinchen sich ergebenden Gesamtbild. Unterfragen und ihre Antworten sind die Mosaiksteinchen einer wissenschaftlichen Arbeit. Passen sie zueinander und sind sie gut arrangiert, verleihen sie der gesamten Argumentation Überzeugungskraft. Dabei ist es wichtig, dass die Unterfragen das eigentliche Forschungsziel stets im Blick behalten und nicht über dieses hinausschießen – einer Verlockung, der man nur allzu leicht unterliegt; schließlich geht es bei einer wissenschaftlichen Arbeit stets auch ein wenig darum, sein eigenes Wissen zu präsentieren.

Nachdem Sie Ihre Arbeit mit Unterfragen vorstrukturiert haben, sollten Sie damit beginnen, sich Suchbegriffe für die Literaturrecherche zu überlegen. Obschon in den vergangenen Jahren fieberhaft daran gearbeitet wurde, Suchalgorithmen zu verbessern, verfügen die heutigen Rechercheinstrumente noch nicht über die Fähigkeit, den hinter einer Fragestellung liegenden Sinn zu verstehen und passende Treffermengen auszuwerfen. Vielmehr suchen sie nach festgelegten Zeichenfolgen. Um mit Rechercheinstrumenten arbeiten zu können, müssen Sie also Ihre Fragen auf Kernbegriffe herunterbrechen. Als Kernbegriffe sollten Sie stets Substantive verwenden. Der Grund hierfür ist einfach: Da das kontrollierte Vokabular von Rechercheinstrumenten – also ihr Reservoir an Schlagwörtern – in der Regel aus Substantiven besteht, lassen sich bei einer Schlagwortsuche mit Verben oder Adjektiven kaum Treffer erzielen. Ausnahmen bilden hier allenfalls aus mehreren Wörtern zusammengesetzte Fachtermini.

Schauen wir uns im Folgenden an, wie sich unsere Forschungsfrage in unterschiedliche Kernbegriffe zerlegen lässt:

Kernbegriff 1	Kernbegriff 2	Kernbegriff 3	Kernbegriff 4
frühkindliche Erziehung	Bildungsförderung	Schulversagen	soziale Benachteiligung

Es ist Ihnen sicher aufgefallen, dass ich den in der Forschungsfrage verwendeten Terminus „frühkindliche Bildungsförderung" in die Kernbegriffe „Bildungsförderung" und „frühkindliche Erziehung" aufgelöst habe. Die Entscheidung, ob man einen Kernbegriff weiter auflösen soll oder nicht, ist nicht immer leicht zu treffen. Man sollte sie von zwei Faktoren abhängig machen: (1) Handelt es sich um einen Fachterminus? (2) Legen es die Unterfragen nahe, zwei unterschiedliche Recherchefelder zu bearbeiten? Eine Entscheidung lässt sich also letztlich nur treffen, wenn man zum einen über ein gewisses Vorwissen innerhalb des Forschungsfeldes und zum anderen über eine Vorstellung vom Aufbau und der Argumentation der eigenen Arbeit verfügt. Mit dem Begriff „frühkindliche Bildungsförderung" werden zwei unabhängig voneinander bestehende Forschungsfelder aufeinander bezogen, nämlich Bildungsförderungsmaßnahmen auf der einen und frühkindliche Erziehung auf der anderen Seite. Bildungsförderungsmaßnahmen müssen nicht unbedingt in der frühkindlichen Erziehung ansetzen. Es gibt Bildungsförderungsmaßnahmen in der Schule, im Studium und der Aus- und Weiterbildung. Es macht also durchaus Sinn, beide Felder zunächst einmal getrennt voneinander zu betrachten. Mit den Kernbegriffen „Schulversagen" und „soziale Benachteiligung" wird die gesellschaftspolitische Intention und das Erziehungsziel präzisiert: Die Verankerung von Bildungsförderungsmaßnahmen in der frühkindlichen Erziehung soll einen Beitrag bei der Vermeidung von Schulversagen leisten und damit für einen Ausgleich sozialer Benachteiligung sorgen.

Die Zerlegung der Forschungsfrage in unterschiedliche Kernbegriffe ist nur der erste Schritt, den Sie bei der Zusammenstellung relevanter Recherchebegriffe zu gehen haben. In einem zweiten Schritt sollten Sie versuchen, zu den Kernbegriffen Synonyme, Ober- und Unterbegriffe und verwandte Begriffe zu finden.

OB	Erziehung	Bildungspolitik	Schulleistung	
KB	frühkindliche Erziehung	Bildungsförderung	Schulversagen	soziale Benachteiligung
SY	Früherziehung, Kleinkinderziehung; Kleinkind/Erziehung	Bildung/ Förderung		Deprivation; Diskriminierung
UB	Vorschulerziehung; Kindergartenerziehung	Benachteiligtenförderung; Ausbildungsförderung		
VB	Erwachsenenbildung		Schulerfolg	soziale Herkunft; Chancengleichheit; Exklusion

OB = Oberbegriffe; KB = Kernbegriff; SY = Synonyme;
UB = Unterbegriffe; VB = verwandte Begriffe

Werfen wir einen kurzen Blick darauf, warum Ihnen Synonyme, Ober- und Unterbegriffe und verwandte Begriffe später bei der Recherche nützlich sein können.

Synonyme

Synonyme sind Begriffe mit gleicher oder sinnverwandter Bedeutung. Der Grund, warum Sie bei einer systematischen Recherche Synonyme berücksichtigen sollten, liegt in der – und Sie mögen ob dieser Behauptung ungläubig Ihren Kopf schütteln – geringen Standardisierung unserer Sprache. Zwar liefert die Grammatik ein umfassendes Regelwerk, in dem sich Grundsätze zum Satzbau und zur Konjugation bzw. Deklination von Wortarten festgelegt finden. Innerhalb dieses grammatikalischen Korsetts bietet sie jedoch genügend Freiräume, ein und denselben Gegenstand oder Sachverhalt mit ganz unterschiedlichen Worten zu beschreiben. Gerade bei einer Stichwortsuche lässt sich mit Hilfe von Synonymen die Zahl der für die eigene Rechercheanfrage relevanten Treffer erhöhen. Aber auch bei der Schlagwortsuche können Synonyme weiterhelfen. Denn leider greifen viele Fachdatenbanken auf unterschiedliche kontrollierte Vokabulare zurück. Und so kann es vorkommen, dass die eine Fachdatenbank das Schlagwort „frühkindliche Erziehung" kennt, andere Fachdatenbanken dahingegen Schlagworte wie „Kleinkinderziehung", „Elementarerziehung" oder „Früherziehung" verwenden. Vielleicht wird auch die frühkindliche Erziehung in die beiden Schlagworte Kleinkind und Erziehung aufgelöst. Die Erarbeitung einer Liste mit Synonymen kann also dabei helfen, geeignete Schlagworte innerhalb einer Fachdatenbank aufzuspüren.

Während ein Oberbegriff eine Anzahl anderer Begriffe in ihrer Bedeutung umfasst, beinhalten Unterbegriffe alle Merkmale des Oberbegriffs und zusätzlich ein einschränkendes Merkmal. Mit Hilfe von Ober- und Unterbegriffen haben Sie bei der Recherche die Möglichkeit, die Suchanfrage bei Bedarf entweder zu erweitern oder einzuschränken. Wollen Sie Ihre Suche zu einem bestimmten Aspekt Ihres Themas ausweiten, verwenden Sie den Oberbegriff. Nehmen Sie z.B. den Kernbegriff „frühkindliche Erziehung". Der Obergriff „Erziehung" schließt neben der frühkindlichen Erziehung auch andere Erziehungsbereiche mit ein. Möchten Sie einen spezifischeren Blick auf den Aspekt Ihres Themas werfen, verwenden Sie Unterbegriffe. Für eine differenzierte Betrachtung unterschiedlicher institutioneller Formen der frühkindlichen Erziehung würden sich dann Unterbegriffe wie „Krippenerziehung", „Vorschulerziehung" und „musikalische Früherziehung" anbieten. Machen Sie aber nicht den Fehler, auf Teufel komm raus Ober- und Unterbegriffe zu Ihren Kernbegriffen zusammenzustellen. Nicht immer gibt es zu einem Wort ein Ober- und Unterbegriff. Und auch nicht alle möglichen Ober- und Unterbegriffe bringen Ihre Recherche voran. Überlegen Sie sich also gut, welche Ober- und Unterbegriffe für die Bearbeitung Ihrer Forschungsfrage nützlich sein könnten und welche Begriffe Ihre Recherche unnötig aufblähen.

Ober- und Unterbegriffe

Wie oben bereits dargelegt, sollten Forschungsfragen möglichst präzise und zugespitzt auf ein eng begrenztes Problem formuliert sein. Was für die Formulierung einer Forschungsfrage stimmt, muss aber nicht zwingend auch für die Zusammenstellung von Recherchebegriffen gelten. Bei der Literaturrecherche kann es durchaus sinnvoll sein, den engen thematischen Fokus der eigenen Forschungsfrage punktuell zu erweitern und interessante Randgebiete in die Recherche mit einzubeziehen. Die Erweiterung des thematischen Fokus Ihrer Recherche lässt sich mit verwandten Begriffen bewerkstelligen. Verwandte Begriffe stehen mit dem Kernbegriff in einer engen thematischen Beziehung. Diese Beziehung kann unterschiedliche Gestalt annehmen.

Verwandte Begriffe

Kernbegriff und verwandter Begriff ...
- verfügen über einen gemeinsamen Oberbegriff.
  Beispiel: frühkindliche Erziehung – Erwachsenenbildung
- bilden Gegensätze innerhalb einer Eigenschaftskategorie.
  Beispiel: Schulversagen – Schulerfolg
- beschreiben eine Folge- bzw. Nachfolgebeziehung.
  Beispiel: soziale Benachteiligung – soziale Exklusion

Das Erarbeiten einer Wortliste mit Synonymen, Ober- und Unterbegriffen und verwandten Begriffen kann sich als durchaus knifflig und zeitaufwendig erweisen. Im Endeffekt lohnen sich jedoch die investierte Mühe und Zeit. Denn mit Hilfe dieser Liste können Sie Ihre Literaturrecherche wesentlich systematischer durchführen. Gehen Sie diese Herausforderung zunächst rein intellektuell an, indem Sie sich auf der Basis Ihres Fachwissens Gedanken über sinnvolle Erweiterungen der Kernbegriffe machen. Die intellektuelle Suche nach Recherchebegriffen setzt natürlich voraus, dass Sie sich in Ihrem Thema bereits ein wenig auskennen. Bevor Sie mit dem Erstellen der Wortliste beginnen, sollten Sie also einen Blick in einschlägige Nachschlagewerke und Handbücher werfen. Nachschlagewerke und Handbücher helfen Ihnen dabei, einen Überblick über die wichtigsten Fachbegriffe Ihres Themas zu gewinnen. Neben dieser rein intellektuellen Herangehensweise stehen Ihnen aber mit Thesauri und Synonymwörterbüchern weitere Hilfsmittel für die Suche nach relevanten Recherchebegriffen zur Verfügung. Schauen wir uns im Folgenden die verschiedenen Hilfsmittel etwas genauer an.

2.4 Thesaurus und Synonymwörterbücher – Recherchebegriffe finden leicht gemacht

Thesaurus

Vermutlich kennen Sie den Begriff Thesaurus bereits aus Ihrem Textverarbeitungsprogramm. Der Thesaurus eines Textverarbeitungsprogramms unterstützt Sie dabei, Synonyme zu finden und somit Ihre Formulierungen zu variieren oder zu präzisieren. Innerhalb von Rechercheinstrumenten übernimmt der Thesaurus aber eine über ein reines Synonymwörterbuch hinausgehende Funktion. Er dient nicht als Formulierungshilfe, sondern verschafft Ihnen vielmehr einen Überblick über die zentralen Fachtermini einer Wissenschaftsdisziplin. Fachthesauri zielen darauf ab, eine möglichst vollständige inhaltliche Erschließung einer Fachdisziplin mit Hilfe von Fachbegriffen zu leisten. Die im Fachthesaurus verwendeten Begriffe werden Deskriptoren genannt. Gut ausgebaute Fachthesauri – die in der Welt der Rechercheinstrumente eher selten vorkommen – bieten Definitionen der Deskriptoren, eine Auflistung von Synonymen, eine Zuordnung zu einer Klassifikation und eine Darstellung der semantischen Beziehungen zwischen den Deskriptoren (Ober- und Unterbegriffe, verwandte Begriffe). Ein für die Erziehungswissenschaften wichtiger Fachthesaurus ist der Thesaurus der Fachdatenbank ERIC (s. Abb. 3). Wir werden auf den Thesaurus im Rahmen der Darstellung von erziehungswissenschaftlichen Fachdatenbanken noch einmal zu sprechen kommen.

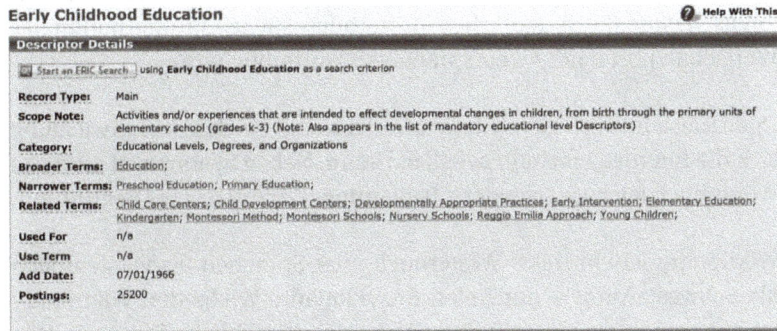

Abb. 3: Thesaurus der Fachdatenbank ERIC

Synonymwörterbücher listen zu den aufgeführten Stichwörtern Ausdrücke mit gleicher oder zumindest ähnlicher Bedeutung auf. Neben Synonymwörterbüchern in gedruckter Form gibt es inzwischen auch hervorragende Online-Wörterbücher, in denen Sie Synonyme nachschauen können.

Synonymwörterbücher

Synonymwörterbücher in gedruckter Form
Eickhoff, Birgit: Duden – Das Synonymwörterbuch. Ein Wörterbuch sinnverwandter Wörter. Vollst. überarb. Aufl. Mannheim: Bibliographisches Institut 2011.

Adolphs, Ulrich: Synonymwörterbuch. Gütersloh, München: WissenMedia-Verlag 2008.

Synonymwörterbücher (und sonstige Wörterbücher) online
Canoo.net ist ein Online-Wörterbuch der deutschen Sprache, das eine Reihe von Spezialwörterbüchern unter einer Oberfläche integriert. Neben Angaben zu Wortbedeutungen, Synonymen und Ober- und Unterbegriffen informiert canoo.net auch über Rechtschreibung, Wortgrammatik, Wortbildung und Satzgrammatik. Das Wörterbuch umfasst

Canoo.net

ungefähr 250.000 Einträge und über 3.000.000 Wortformen. Jeder der Einträge wird durch ein Lexikographenteam geprüft. Canoo.net dient auch als Portal für weitere online verfügbare Wörterbücher, darunter in erster Linie Fremdsprachenwörterbücher wie Leo, Beolingus und Pons.

Wortschatz Portal

Ähnlich wie canoo.net bietet das Wortschatz-Portal der Universität Leipzig einen umfassenden Zugang zur deutschen Sprache. Neben Synonymen und Antonymen finden sich hier auch Angaben zur Wortgrammatik, Worthäufigkeit und Begriffsverwendung in Beispielsätzen. Über das Wortschatzportal haben Sie zudem Zugriff auf ein deutsch-englisches/englisch-deutsches Wörterbuch sowie ein internationales Wortschatzportal mit 48 einsprachigen Wörterbüchern.

OpenThesaurus

OpenThesaurus ist ein Synonymwörterbuch, an dessen Entwicklung sich die Internetgemeinde beteiligen kann. Neben Synonymen zeigt das Wörterbuch auch verschiedene Bedeutungsvarianten eines Begriffs auf.

Wiktionary

Wiktionary ist ein freies Wörterbuch aller Sprachen. Es versteht sich als Schwesterprojekt der freien Enzyklopädie Wikipedia. Wiktionary ist zum einen ein Sprachwörterbuch, das sprachliche Eigenschaften wie Homonyme, Bedeutung, Grammatik, Etymologie und Übersetzungen beinhaltet. Zum anderen werden aber auch Synonyme und Oberbegriffe zu einem Worteintrag zusammengestellt.

Digitales Wörterbuch der deutschen Sprache

Das „Digitale Wörterbuch der deutschen Sprache" baut auf dem sechsbändigen Wörterbuch der deutschen Gegenwartssprache (WDG) auf und verknüpft dieses mit eigenen Text- und Wörterbuchressourcen. Es stellt dem Nutzer die Rechtschreibung nach neuestem Stand, die Aussprache in Form von Audiodateien und vielfältige Angaben zur Form, Verwendung und Bedeutung seiner Stichwörter zur Verfügung.

2.5 Die Kunst des effizienten Recherchierens – Recherchebegriffe sinnvoll verknüpfen

Boolesche Operatoren

Nachdem Sie eine Liste mit Suchbegriffen zusammengestellt haben, sollten Sie sich Gedanken darüber machen, wie sich die einzelnen Begriffe sinnvoll miteinander verknüpfen lassen. Überlegen Sie sich gut, welches Ziel Sie mit Ihrer Recherche erreichen möchten: Suchen Sie nach Literatur zu einem klar abgegrenzten Thema oder wollen Sie sich einen Überblick über einen breiten Themenbereich verschaffen? Mit den Booleschen Operatoren – benannt nach dem britischen Mathematiker George Boole – stehen Ihnen verschiedene Möglichkeiten zur logischen Verknüpfung von Begriffen offen. Die Operatoren UND, ODER und NICHT werden eigentlich von jedem Rechercheinstrument angeboten. Mit ihrer Hilfe lassen sich aus mehreren Recherchebegriffen zusammengesetzte Suchanfragen formulieren. Schauen wir uns zunächst einmal an, in welcher Form Boolesche Operatoren Begriffe miteinander verknüpfen.

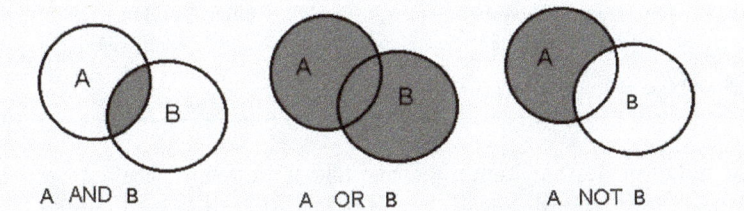

Abb. 4: Boolesche Operatoren

Der Operator UND bildet eine Schnittmenge zwischen den durch die einzelnen Suchbegriffe erzielten Treffermengen. Zur Schnittmenge gehören nur jene Treffer, bei denen sämtliche mit dem Operator verknüpften Suchbegriffe entweder im Text selbst (z. B. einer Internetseite oder einem Aufsatz) oder in den bibliographischen bzw. inhaltlichen Beschreibungen des Texts (z. B. bei Bibliothekskatalogen oder Fachdatenbanken) vorkommen. Durch die Verknüpfung von Suchbegriffen mit dem Booleschen Operator UND wird die Trefferanzahl reduziert. In englischsprachigen Suchinstrumenten verwendet man den Begriff AND. Oftmals fungiert auch das Leerzeichen (z. B. bei Google) oder ein + als Boolescher Operator UND.

UND-Operator

Rechercheziel: Sie benötigen Informationen zu frühkindlichen Bildungsmaßnahmen.
Suchanfrage: Frühpädagogik UND Bildungsförderung

Beim Booleschen Operator ODER wird eine Vereinigungsmenge zwischen zwei oder mehreren Treffermengen gebildet. Die Treffermenge setzt sich aus Dokumenten zusammen, die mindestens einen der eingegebenen Suchbegriffe aufweisen. Mit dem Booleschen Operator ODER lässt sich die Treffermenge vergrößern. Der Operator wird insbesondere verwendet, um Synonyme und verwandte Begriffe mit in die Suche einzubeziehen.

ODER-Operator

Rechercheziel: Sie möchten aus einer Informationsquelle alle Titel herausfischen, die sich mit frühkindlicher Erziehung beschäftigen.
Suchanfrage: Frühpädagogik ODER Früherziehung

NICHT-Operator

Verwendet man den Booleschen Operator NICHT, wird aus zwei Treffermengen eine Differenzmenge gebildet. Der auf den Nicht-Operator folgende Suchbegriff darf nicht vorkommen. Die Anwendung des Operators ist bei Suchbegriffen empfehlenswert, die auch in einem anderem als dem gewünschten Zusammenhang verwendet werden.

Rechercheziel: Sie interessieren sich ausschließlich für frühpädagogische Bildungsförderungsmaßnahmen. Dementsprechend möchten Sie Treffer zu schulischen Bildungsförderungsmaßnahmen aus Ihrer Recherche ausschließen.

Suchanfrage: Bildungsförderung NICHT Schule

Die aufgeführten Anwendungsbeispiele sind relativ einfach gehalten. In ihnen werden zwei Recherchebegriffe mit jeweils einem der drei Booleschen Operator verknüpft. In den meisten Fällen gestalten sich Recherchen jedoch wesentlich komplizierter. Für die Formulierung präziser Suchanfragen kann es mithin notwendig sein, mehrere Suchbegriffe mit unterschiedlichen Booleschen Operatoren zu kombinieren. Ein Beispiel: Sie haben sich bereits einen guten Überblick über frühkindliche Bildungsförderungsmaßnahmen im Kindergarten verschafft. Nun benötigen Sie noch zusätzliche Informationen zu frühkindlichen Bildungsförderungsmaßnahmen, die institutionell nicht im Kindergarten angesiedelt sind. Sie geben deshalb die folgende Suchanfrage in Ihr Rechercheinstrument ein:

Frühpädagogik ODER Früherziehung UND Bildungsförderung NICHT Kindergarten

Rangfolge Boolescher Operatoren

Verwenden Sie in einer Suchanfrage mehrere Boolesche Operatoren, werten viele Rechercheinstrumente zuerst NICHT, dann UND und zuletzt ODER aus. Die Suchanfrage wird also nicht in der Reihenfolge der eingegebenen Suchbegriffe von links nach rechts abgearbeitet. Vielmehr erhalten die Booleschen Operatoren NICHT bzw. UND eine Vorrangstellung vor ODER. Diese Priorisierung von Operatoren kann leicht dazu führen, dass Rechercheziele nicht wie gewünscht erreicht werden. Am Beispiel der Rechercheanfrage *Frühpädagogik ODER Früherziehung UND Bildungsförderung NICHT Kindergarten* lässt sich dies sehr anschaulich zeigen. Aus der Suchanfrage werden in der folgenden Reihenfolge Treffermengen gebildet:

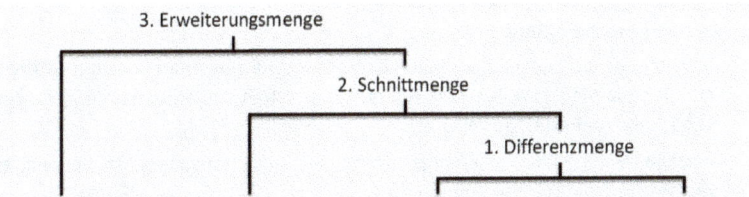

Frühpädagogik ODER Früherziehung UND Bildungsförderung NICHT Kindergarten

1. Bildung einer Differenzmenge aus den Treffermengen Bildungsförderung und Kindergarten
2. Bildung einer Schnittmenge aus der Treffermenge Früherziehung und der Differenzmenge (Punkt 1)
3. Bildung einer Erweiterungsmenge aus der Treffermenge Frühpädagogik und der Schnittmenge (Punkt 2)

Mit der letzten ODER-Verknüpfung wird die Treffermenge um Treffer erweitert, in denen der Begriff Frühpädagogik vorkommt. Diese Treffer müssen nicht notwendigerweise auch etwas mit frühkindlichen Bildungsförderungsmaßnahmen zu tun haben. Die Formulierung der Suchanfrage in der oben beschriebenen Form würde also zu einem Rechercheergebnis führen, das im Hinblick auf Ihr Rechercheziel mit einer hohen Anzahl irrelevanter Treffer durchsetzt ist.

Dieses Problem der Mehrdeutigkeit von Suchanfragen lässt sich ganz einfach mit dem Hinzufügen von Klammern lösen. Mit Hilfe von Klammern können Sie zusammengehörige Suchoperationen definieren. Die Suchanfrage für unser obiges Beispiel müsste also wie folgt aussehen: *(Frühpädagogik ODER Früherziehung) UND Bildungsförderung NICHT Kindergarten*.

Klammern

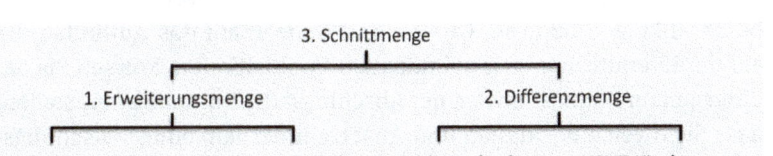

(Frühpädagogik ODER Früherziehung) UND Bildungsförderung NICHT Kindergarten

1. Bildung einer Erweiterungsmenge aus den Treffermengen Frühpädagogik und Früherziehung
2. Bildung einer Differenzmenge aus den Treffermengen Bildungsförderung und Kindergarten
3. Bildung einer Schnittmenge aus der Erweiterungsmenge (Punkt 1) und der Differenzmenge (Punkt 2)

Zusammenfassung	**Die Recherchevorbereitung**
	1. Nehmen Sie sich ausreichend Zeit für die Formulierung einer Forschungsfrage. Machen Sie sich bewusst, was Sie mit Ihrer Arbeit zeigen möchten bzw. welches Forschungsziel Sie verfolgen.
	2. Zerlegen Sie Sie Ihre Forschungsfrage in mehrere Themenaspekte. Verwenden Sie hierfür fachtypische Kernbegriffe.
	3. Suchen Sie mit Hilfe von Thesauri und Wörterbüchern nach Wortformvarianten, Synonyme, Unter- und Oberbegriffen oder auch verwandten Begriffen.
	4. Überlegen Sie sich, welche Suchbegriffe Sie mit welchen Booleschen Operatoren verknüpfen möchten.

3 Gewusst wo, gewusst wie – Wissenschaftliche Rechercheinstrumente für Anfänger

Noch sind die Recherchevorbereitungen nicht ganz abgeschlossen. Der nächste Schritt Ihrer Recherchevorbereitung sollte darin bestehen, geeignete Rechercheinstrumente für Ihr Rechercheziel auszuwählen. In diesem und im nachfolgenden Kapitel möchte ich Ihnen eine Reihe von speziell für die Suche nach wissenschaftlichen Publikationen und Informationen entwickelten Recherchewerkzeugen vorstellen. Natürlich müssen Sie für Ihre Literatur- und Informationssuche nicht immer alle verfügbaren Werkzeuge tatsächlich nutzen. Welche Rechercheinstrumente für Sie relevant sind, hängt vielmehr entscheidend vom Zweck Ihrer Recherche ab. Bei einer Literaturrecherche für ein Referat oder für eine kleinere Hausarbeit haben Sie in den seltensten Fällen Zeit für eine umfassende Recherche. Oftmals liegen Ihnen auch Literaturlisten mit einschlägigen Literaturempfehlungen vor. Die Recherche beschränkt sich dann im Großen und Ganzen auf das Auffinden der auf der Literaturliste sich befindenden Publikationen. Müssen Sie dahingegen im Rahmen etwa einer Abschlussarbeit unter Beweis stellen, dass Sie diverse Positionen und Ansätze innerhalb eines Forschungsfelds kennen, wird eine aufwendigere Recherche notwendig. Dabei sollten Sie stets beachten, dass sich die verschiedenen Rechercheinstrumente im unterschiedlichen Maße für die Recherche nach spezifischen Publikationsformen eignen. Benötigen Sie lediglich Monographien oder Handbücher, um sich einen Überblick zu einem Thema zu verschaffen, genügt der Blick in Bibliothekskataloge. Möchten Sie sich in ein Thema mit Hilfe aktueller Aufsatzliteratur vertiefend einarbeiten, bieten sich eher bibliographische Fachdatenbanken an. Bei empirischen Arbeiten, in denen Sie nicht nur eine kritische Auswertung und übersichtliche Darstellung von Fachliteratur, sondern auch von Primärinformationen (statistische Daten, Zeitungsartikel, amtlichen Stellungsnahmen etc.) leisten müssen, ist eine Recherche in Faktendatenbanken oder wissenschaftlichen Internetportalen unumgänglich.

Sie sehen bereits an diesen Beispielen, dass die Wahl der Rechercheinstrumente, mit denen sich eine Literatur- und Informationssuche zielführend durchführen lässt, maßgeblich von Ihrem persönlichen Informationsbedürfnis abhängt. Es gibt also keine Einheitsformel, die schlicht besagt: Benutzen Sie stets dieses oder jenes Rechercheinstrument. Gleichwohl Standardwerkzeuge für die Literaturrecherche nur schwer festzulegen sind, so bietet sich als erste Anlaufstelle für Ihre Recherche dennoch der Katalog Ihrer Bibliothek vor Ort an. Die Literatur, die Sie hier finden können, ist in der Regel schnell und unkompliziert zu besorgen. Worauf Sie bei Recherchen in Bibliothekskatalogen zu achten haben, wird Gegenstand dieses Kapitels sein.

3.1 Ihr Wissensspeicher vor Ort – Die Universitätsbibliothek

3.1.1 Die Aufgabe wissenschaftlicher Bibliotheken

Die moderne Wissenschaft ist darauf angewiesen, auf bereits vorliegende Forschungsergebnisse schnell und unkompliziert zugreifen zu können. Erst die Möglichkeit, sich der eigenen vergangenen Leistungen zu erinnern, versetzt sie in die Lage, an bestehendem Wissen anzuschließen, Forschungslücken zu schließen und beständig neues Wissen zu produzieren. Zu den wichtigsten Quellen, aus denen die Wissenschaft ihre Erinnerungen schöpft, gehören wissenschaftliche Bibliotheken. Ihre Aufgabe ist es, vorhandenes Wissen zu speichern und für die Wissenschaft bzw. jeden interessierten Bibliotheksbenutzer zugänglich zu machen. Man könnte auch sagen: Die Bibliothek ist Sammler, die Wissenschaft Jäger neuen Wissens.

Dem Sammler geht es stets darum, etwas zusammenzutragen und aufzubewahren, um es dem Vergessen zu entziehen. Was ist aber dieses etwas, dem die Bibliothek ihre Aufmerksamkeit schenkt? Die Bibliothek ist ein mehr oder minder großes Speicher- und Abrufsystem für publizierte Informationen. Publikationen sind zunächst einmal nichts anderes als virtuelle Informationen. Zu informieren vermögen sie nur, wenn sie auch nachgefragt werden. Damit sich Publikationen überhaupt finden und lesen lassen, hat die Bibliothek für ihre Bestände zwei Erschließungsformen entwickelt: zum einen die Aufstellung ihrer

Bestände nach einer festgelegten Ordnung und zum anderen Bibliothekskataloge. Erst diese Erschließungsformen erlauben es den Bibliotheksnutzern, gezielt nach Informationen zu suchen.

3.1.2 Die Ordnung der Bücher (und anderer Medien)

Freihandaufstellung

In früheren Tagen der Bibliotheksgeschichte war es üblich, die Zeitschriften- und Buchbestände einer Bibliothek in einem Magazin zu lagern. Seit den 1960er Jahren sind Bibliotheken allerdings dazu übergangen, ihre Bestände für den Nutzer frei verfügbar zu machen. Das große Plus solcher Freihandbibliotheken liegt auf der Hand: Während man bei Magazinbibliotheken die gewünschten Medien erst einmal aus einem nicht-zugänglichen Magazin bestellen und entsprechende Wartezeiten in Kauf nehmen muss, können bei Freihandbibliotheken Bücher direkt am Regal gesucht und für die Ausleihe mitgenommen werden. Um dem Nutzer die Orientierung innerhalb der Bibliothek zu erleichtern, werden die Bibliotheksbestände nach einer bestimmten Ordnung aufgestellt. In der bibliothekarischen Praxis haben sich bis heute zwei Aufstellungsmodelle durchgesetzt:

(1) Numerus-currens-Aufstellung
Die Bücher werden nach der Reihenfolge ihres Eingangs durchnummeriert und in die Bücherregale einsortiert. Häufig findet man bei einer numerus-currens-Aufstellung eine gesonderte Sortierung nach Buchformaten.

(2) Systematische Aufstellung
Die Bücher werden in ein nach Wissensgebieten differenziertes Klassifikationssystem eingeordnet und somit nach inhaltlichen Gesichtspunkten aufgestellt.

Freihandbibliotheken stellen ihren Bestand in der Regel systematisch auf. Wenn Sie an einem Regal entlang wandern, finden Sie dank dieser Aufstellungsordnung alle Bücher zu einem Wissensgebiet zusammen an einer (System-)Stelle einsortiert. Oder besser gesagt: Sie finden *fast alle* Bücher zu einem Wissensgebiet zusammen einsortiert. Denn zum einen gibt es natürlich immer auch ausgeliehene Exemplare, die am Regal nichts weiter als Lücken hinterlassen. Und zum anderen ist es oftmals schwierig, die Inhalte eines Buchs exklusiv einem Wissensgebiet zuzuordnen. Bei der Systematisierung der Bibliotheksbestände müssen also Entscheidungen *für* (und d.h. zugleich auch Entscheidungen *gegen* andere) Systemstellen getroffen werden. Sie sollten demnach bei Ihrem Gang durch die Bibliothek stets benachbarte Wissensgebiete in Ihre Suche einbeziehen.

In Deutschland gehört die Regensburger Verbundklassifikation (RVK) zu einer der verbreitetsten Bibliothekssystematiken. Allerdings verfügen viele Bibliotheken auch über hauseigene Systematiken. Bevor Sie sich in einer Bibliothek auf die Suche nach Büchern zu einem Thema begeben, sollten Sie sich deshalb auf jeden Fall beim Bibliothekspersonal oder auf den Webseiten der Bibliothek über die vor Ort verwendete Aufstellungssystematik informieren.

Jedes zu einem Bibliotheksbestand gehörende Medium – das können Bücher und Zeitschriften, aber auch Karten, Noten, CD-Roms, Videos oder Tonträger sein – erhält eine eindeutige Signatur. Die Signatur beinhaltet Informationen, die es allen Bibliotheksbesuchern ermöglichen soll, den Standort eines Mediums innerhalb der Bibliothek schnell zu finden. Bei Büchern werden die Signaturschilder zumeist auf dem Buchrücken angebracht. Für den ungeschulten Blick sind die Angaben auf dem Signaturschild kaum zu entschlüsseln. Manchmal kann es aber ganz hilfreich sein, wenn man die kryptischen Zeichen der Signaturschilder zu dechiffrieren weiß. Schauen wir uns kurz an, aus welchen Elementen sich eine Signatur zusammensetzt.

Signatur

Bitte beachten Sie, dass das folgende Beispiel ausschließlich für Bibliotheken gilt, die als Aufstellungssystematik die RVK verwenden und dementsprechend RVK-Signaturen vergeben!

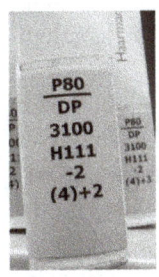

P80	= Standortkennzeichen
DP 3100	= Notation/Systemstelle
H111	= formale Einordnung in die Systemstelle, abgeleitet vom Verfasser
–2	= Angabe des Bandes bei Serien, Zeitschriften, mehrbändigen Werken
(4)	= Angabe der Auflage
+2	= Zählung von Mehrfachexemplaren

Dank des Standortkennzeichens können Sie feststellen, in welcher Bibliothek bzw. in welcher Teilsammlung der Bibliothek das Medium zu finden ist. In unserem konkreten Beispiel steht *P80* für die Lehrbuchsammlung der Erziehungswissenschaftlichen Zweigbibliothek der Universitätsbibliothek Erlangen-Nürnberg. Das Kürzel *DP 3100* legt die Systemstelle fest. Gemäß der RVK werden an der Systemstelle *DP 3100* Bücher aufgestellt, die sich mit didaktischen Konzepten für

Grundschulen, Volksschulen und Gesamtschulen beschäftigen. Anhand des Signaturschildes können Sie zudem ersehen, dass es sich bei dem Buch um den zweiten Band eines in der vierten Auflage erschienen mehrteiligen Werks handelt. Falls die Bibliothek noch über aktuellere Auflagen des Buchs verfügt, sollten diese ganz in der Nähe stehen. Für eine Lehrbuchsammlung typisch bietet die Bibliothek zudem mehrere ausleihbare Exemplare an.

3.1.3 Die Bibliothek geht online – Der OPAC

OPAC

Nun müssen Sie natürlich nicht für jede Literaturrecherche von Regal zu Regal durch die Bibliothek wandern. Bibliotheken weisen ihre Bestände auch in Bibliothekskatalogen nach. Noch vor gut 25 Jahren bestanden diese Kataloge in den meisten Bibliotheken aus einer Unmenge an Zetteln. Jedes Medium erhielt einen eigenen Zettel, die wiederum nach Autorenname, Titel oder Schlagwort sortiert wurden. Neben den unkomfortablen Recherchemöglichkeiten bestand ein großer Nachteil solcher Zettelkataloge darin, dass sie lediglich vor Ort in der Bibliothek eingesehen werden konnten. Wer sich über den Bestand einer Bibliothek informieren wollte, musste sich also auf den Weg in die Bibliothek begeben. Im Online-Zeitalter ist dies freilich nicht mehr notwendig. Bibliotheken verzeichnen ihre Bestände inzwischen in einem über das Internet abrufbaren OPAC (*Online Public Access Catalogue*). Dank des OPACs können Sie in den Bibliotheksbestände von jedem Ort aus und unabhängig von Öffnungszeiten recherchieren. Im OPAC finden Sie nicht nur sämtliche physischen Medien des Bibliotheksbestands. Manche OPACs bieten Ihnen auch Links auf lizenzierte bzw. frei zugängliche elektronische Volltexte an.

In Ausnahmefällen kommt es heute noch vor, dass Bibliotheken ihre Altbestände oder ihr Kartenmaterial nicht im OPAC erschlossen haben. Falls Sie für Ihre Arbeit Zugriff auf diese Bestände benötigen, bleibt Ihnen nichts anderes übrig, als sich mit Zettelkatalogen oder den in Buchform vorliegenden Bandkatalogen zu behelfen. Für Sie als Studierende der Pädagogik wird dies aber eher selten notwendig sein.

Schauen wir uns im Folgenden die beiden Hauptfunktionsbereiche eines OPACs etwas genauer an:

(1) Verwaltungsfunktionen des OPACs
Der OPAC dient zum einen als Portal, über das Sie Ihr persönliches Bibliothekskonto verwalten und Bestellungen auf Ihrem Konto verbuchen. Sie können sich in Ihrem Konto z. B. über die Ausleihfristen Ihrer

ausgeliehenen Medien oder über eventuell noch ausstehenden Mahngebühren informieren. Zudem haben Sie die Möglichkeit, von anderen Nutzern bereits ausgeliehene Medien vorzumerken. Bei Rückgabe des Buchs erhalten Sie eine Nachricht, dass das Buch für Sie bereitgestellt wurde. Bei Magazinbibliotheken können Sie über den OPAC Medien aus dem Magazin anfordern. Die bestellten Medien liegen meisten am darauffolgenden Tag für Sie zur Abholung bereit.

(2) Recherchefunktionen des OPACs

Mit dem OPAC steht Ihnen ein mächtiges Rechercheinstrument zur Verfügung, mit dem Sie die lokalen Bestände Ihrer Bibliothek durchsuchen können. Ein OPAC bietet Ihnen in der Regel drei unterschiedliche Sucheinstiegsmöglichkeiten: eine Erweiterte Suche, eine Einfache Suche und eine Thematische bzw. Systematische Suche.

Die Erweiterte Suche

Die Erweiterte Suche sollten Sie nutzen, wenn Sie eine Suchanfrage präzise formulieren möchten. Standardmäßig stehen Ihnen dabei die Suchfelder *Autor/Hrsg.*, *Titel*, *Schlagwort*, *Körperschaft/Institution*, *ISBN*, *Verlag*, *Erscheinungsjahr*, *Signatur*, *Systemstelle/Regensburger Notation* und *Freie Suche* zur Verfügung. Bei den meisten OPACs lassen sich mindestens drei unterschiedliche Suchfelder mit den Booleschen Operatoren AND, OR, NOT verknüpfen. Sie können aber auch mehrere Suchbegriffe in einem Suchfeld eingeben und innerhalb eines Feldes die Verknüpfungsoperatoren verwenden. Trennen Sie die eingegebenen Suchbegriffe durch ein Leerzeichen, wird in der Regel der Boolesche Operator UND angewandt.

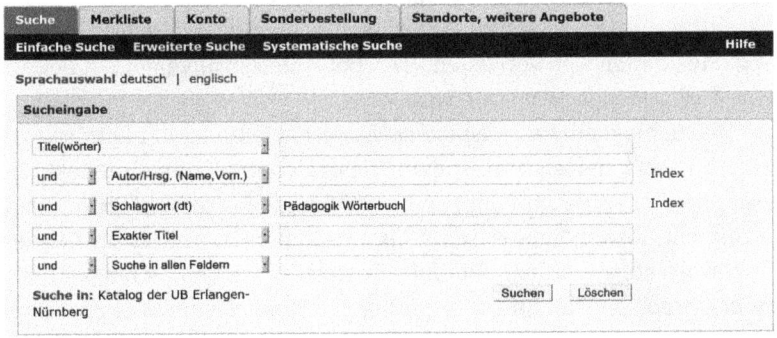

Abb. 5: Erweiterte Suche des OPACs der UB Erlangen-Nürnberg

Werfen wir einen kurzen Blick auf die wichtigsten Suchfelder der Erweiterten Suche. Einige dieser Suchfelder werden Sie auch bei anderen Rechercheinstrumenten wiederentdecken.

Autor

Über das Suchfeld *Autor* können Sie nach Publikationen suchen, bei denen eine Person entweder als Autor oder als Herausgeber beteiligt war. Einige OPACs bieten für das Suchfeld *Autor* einen Index an. Der Autorenindex listet alle im OPAC verfügbaren Autoren- und Herausgebernamen in alphabetischer Reihenfolge auf. Falls Sie z.B. nicht mehr genau wissen, wie ein Autorenname korrekt geschrieben wird oder wie ein Autor mit Vornamen heißt, kann Ihnen ein Blick in den Index weiterhelfen. Bei den meisten OPACs ist es egal, ob Sie den Autoren- bzw. Herausgebername in der Reihenfolge *Nachname, Vorname* oder *Vorname Nachname* eingeben. Da aber die Reihenfolge bei manchen Katalogen und Fachdatenbanken durchaus einen Unterschied ausmacht, sollten Sie sich am besten gleich angewöhnen, den Autoren- bzw. Herausgebername in der Form *Nachname, Vorname* in das Suchfeld einzugeben. So sind Sie auf jeden Fall vor bösen Überraschungen gefeit.

Titel

Das Suchfeld *Titel* eignet sich, wenn Sie in der Trefferliste alle Publikationstitel aufgeführt haben möchten, in denen ein bestimmter Begriff vorkommt. In das Suchfeld sollten Sie ausschließlich sinntragende Begriffe eintragen und auf Artikel (der, die, das; einer, eine, ein), Konjunktionen (z.B. und, oder, doch) oder Präpositionen (z.B. auf, an, in) gänzlich verzichten. Diese sogenannten Stoppwörter werden bei einer Titelstichwortsuche nicht berücksichtigt. Wenn Sie z.B. das von dem Soziologen Niklas Luhmann verfasste Buch *Die Gesellschaft der Gesellschaft* mit sämtlichen im Buchtitel enthaltenen Wörtern suchen, wird in die Titelstichwortsuche lediglich der Begriff *Gesellschaft* einbezogen. Als Treffermenge bekommen Sie all jene Publikationen angezeigt, die in ihrem Titel bzw. Untertitel den Begriff *Gesellschaft* aufweisen. Sie können sich vorstellen, dass bei einem so allgemeinen Begriff Ihre Treffermenge riesig sein wird.

Schlagwort

Die Schlagwortsuche ist die geeignetste Methode, um Literatur zu einem Thema zielgenau zu suchen. Schlagwörter werden intellektuell zur inhaltlichen Beschreibung einer Publikation vergeben. Sie müssen also nicht notwendigerweise im Titel vorkommen. Anders als bei der Stichwortsuche können Sie mit deutschsprachigen Schlagwörtern fremdsprachige Titel finden. Allerdings hat man bei der Schlagwortsuche ein besonderes Augenmerk auf die Wahl der Suchbegriffe zu legen. Und dies aus einem einfachen Grund: Um zu verhindern, dass Schlagwörter nach Belieben vergeben werden, gibt es ein kontrolliertes Vokabular. Das kontrollierte Vokabular legt fest, welche Begriffe für die

Schlagwortvergabe überhaupt infrage kommen. Bei der Schlagwortsuche stehen Sie somit vor dem Problem, für Ihre Suchanfrage Begriffe aus dem kontrollierten Vokabular verwenden zu müssen. Geben Sie einen Begriff in das Suchfeld ein, der nicht als Schlagwort vorgesehen ist, werden Sie auch keinen Erfolg mit Ihrer Suchanfrage haben. Es ist deshalb ratsam, vor der Durchführung einer Schlagwortsuche im Index erlaubte Schlagwörter nachzuschlagen.

Das Feld Körperschaft/Institution dient der Suche nach Publikationen einer spezifischen Körperschaft oder Institution. Mit Hilfe dieses Suchfeldes könnten Sie z. B. nach in Ihrer Bibliothek vorhandenen Publikationen des Deutschen Instituts für Internationale Pädagogische Forschung suchen. Achten Sie bei der Formulierung der Suchanfrage darauf, dass Sie in das Suchfeld den offiziellen Körperschaftsnamen eintragen. Neben der Recherche nach von Institutionen/Körperschaften herausgegebenen Publikationen bietet Ihnen das Suchfeld die Möglichkeit, nach Kongresspublikationen zu recherchieren.

Körperschaft/Institution

Abhängig von der jeweiligen Aufstellungssystematik Ihrer Bibliothek kann dieses Suchfeld entweder *Systemstelle* oder *Regensburger Notation* heißen. Das Suchfeld dient der Suche nach Publikationen, die einer bestimmten Systemstelle/Notation zugeordnet wurden. Um das Suchfeld sinnvoll nutzen zu können, benötigen Sie allerdings ein Wissen über die Bezeichnungen der Systemstellen.

Systemstelle/Regensburger Notation

Die *Freie Suche* ist letztendlich nichts anderes als eine auf alle Suchfelder ausgeweitete Stichwortsuche. Der von Ihnen in das Suchfeld eingetragene Begriff wird über alle Suchfelder hinweg gesucht. Bei einer Suchanfrage mit den Begriffen *Migranten* und *Deutschland* bekommen Sie nicht nur Publikationen über das Leben von Migranten in Deutschland angezeigt. Vielmehr werden auch Publikationen in die Treffermenge einbezogen, bei denen z. B. das Wort Deutschland im Institutionen- oder Verlagsname vorkommt. Sie können sich vorstellen, dass Sie bei einer Freien Suche schnell größere Treffermengen generieren. Sie sollten deshalb die Freie Suche entweder nur in Kombination mit anderen Suchfeldern oder bei ausgefallenen Begriffen verwenden.

Freie Suche

Die Einfache Suche

Der Name lässt es bereits erahnen: Bei der *Einfachen Suche* handelt es um einen Sucheinstieg mit eingeschränkten Suchfunktionalitäten. Wie Sie es von Internet-Suchmaschinen gewohnt sind, verfügen Sie lediglich über einen einzigen Suchschlitz, in den Sie Ihre Suchbegriffe eintragen können. Legen Sie die Verknüpfungsoperatoren nicht explizit fest, wird standardmäßig der Boolesche Operator UND verwendet. Bei der Einfachen Suche werden abhängig vom jeweiligen OPAC entweder alle Suchfelder oder die wichtigsten Suchfelder (z.B. Autor, Titel, Schlagwort) parallel durchsucht. Bedenken Sie bei der Einfachen Suche aber stets: Ohne die Möglichkeit, Ihre Rechercheanfrage auf bestimmte Suchfelder einzuschränken, wächst die Gefahr, dass Sie sehr umfangreiche und unspezifische Treffermengen erhalten.

Thematische oder Systematische Suche
Nicht jeder OPAC bietet als Sucheinstiegsoption eine Thematische/Systematische Suche an. Doch selbst dort, wo sich der Sucheinstieg realisiert findet, wird er von den Nutzern häufig stiefmütterlich behandelt – dies jedoch völlig zu Unrecht. Die Thematische/Systematische Suche eröffnet Ihnen eine zur Schlagwortsuche alternative Möglichkeit der inhaltlichen Recherche. Sie beruht darauf, dass neu erschienene oder erworbene Publikationen in der Regel in ein Klassifikationssystem eingeordnet werden. In diesem Klassifikationssystem – häufig handelt es sich hierbei zugleich auch um die Aufstellungssystematik Ihrer Bibliothek – können Sie entweder nach einem Stichwort suchen oder aber durch dessen Hierarchieebenen browsen. Ein Beispiel: Sie suchen nach Publikationen zum Thema *Vorschulerziehung*. In die Thematische/Systematische Suche geben Sie das Stichwort *Vorschulerziehung* ein und erhalten eine Liste mit Systemstellen, an denen Literatur zur Vorschulerziehung steht. Anhand der Liste können Sie nun entscheiden, ob Sie eher Publikationen zur Geschichte der Vorschulerziehung oder eventuell Lehrbücher zur Vorschulerziehung im OPAC aufrufen möchten. Dank der Thematischen/Systematischen Suche sparen Sie sich nicht nur den Gang an das Regal. Sie sehen vor allem auch alle ausgeliehenen Bücher und können diese bei Bedarf vormerken.

Suchbegriff(e): Vorschulerziehung

Gefundene Treffer 11 , davon angezeigt 1-11

Titel	Systemstelle	Schlagwortkette	Fachgebiet	Vollanzeige
	erz 356 - erz 360	Vorschulerziehung	Pädagogik	Vollanzeige
Titel aufrufen	erz 356	Vorschulerziehung	Pädagogik	Vollanzeige
Titel aufrufen	erz 356:a	Vorschulerziehung / Bibliographie	Pädagogik	Vollanzeige
Titel aufrufen	erz 356:f	Vorschulerziehung / Kongress	Pädagogik	Vollanzeige
Titel aufrufen	erz 356:k	Vorschulerziehung / Aufsatzsammlung	Pädagogik	Vollanzeige
Titel aufrufen	erz 356:m	Vorschulerziehung / Handbuch	Pädagogik	Vollanzeige
Titel aufrufen	erz 356:n	Vorschulerziehung / Lehrbuch	Pädagogik	Vollanzeige
Titel aufrufen	erz 356:r	Vorschulerziehung / Hilfsmittel	Pädagogik	Vollanzeige
Titel aufrufen	erz 356:s	Vorschulerziehung / Geschichte	Pädagogik	Vollanzeige
Titel aufrufen	erz 356.50	Vorschulerziehung / Politik	Pädagogik	Vollanzeige
Titel aufrufen	erz 356.50:k	Vorschulerziehung / Politik / Aufsatzsammlung	Pädagogik	Vollanzeige

Abb. 6: Thematische Suche im OPAC der Bibliothek der Universität Konstanz

Manche OPACs bieten Ihnen auch die Möglichkeit, innerhalb der Hierarchieebenen des Klassifikationssystems nach interessanten Systemstellen zu suchen. Diese Vorgehensweise setzt beim Nutzer jedoch gute Kenntnisse der unterschiedlichen Wissensgebiete eines Fachs voraus. Beim Browsen besteht zwar einerseits immer die Gefahr, sich bei der Suche nach einer bestimmten Systemstelle in den zahlreichen Verästelungen des Klassifikationssystems zu „verirren". Andererseits gestaltet es sich gegenüber einer Stichwortsuche wesentlich intuitiver. Sie starten mit der Entscheidung, aus welchem Fach Sie Publikationen benötigen, und hangeln sich dann von Ast zu Ast durch das Klassifikationssystem. Auf diese Weise können Sie innerhalb der Klassifikation auf für Ihr Thema relevante Systemstellen stoßen, an die Sie zu Beginn Ihrer Suche gar nicht gedacht hatten.

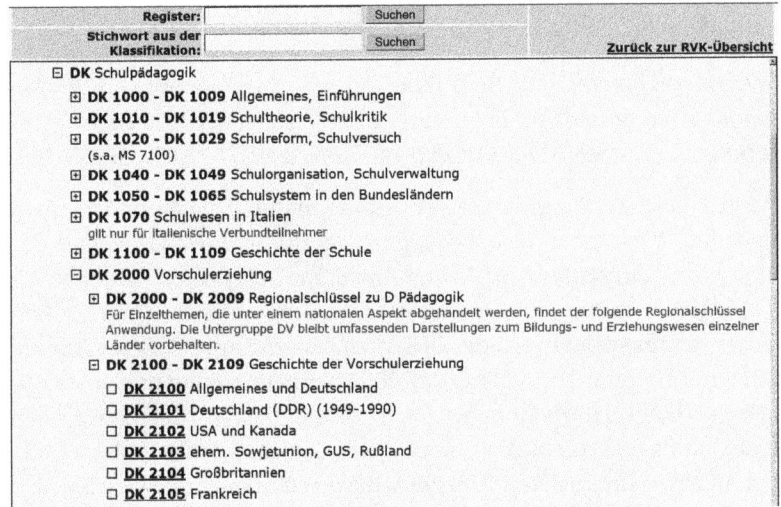

Abb. 7: Systematische Suche des Katalogs der HU Berlin

In dem oben angeführten Beispiel habe ich im Fach Pädagogik zunächst die auf der ersten Hierarchieebene sich befindende Unterkategorie DK Schulpädagogik ausgewählt. Nach meiner Wahl zeigt mir das Klassifikationssystem jene Systemstellen an, die der Kategorie Schulpädagogik zugeordnet wurden. Ab der Systemstelle DK 2000 finden sich Publikationen aus dem Wissensgebiet *Vorschulerziehung*. Mit einem Klick auf die Systemstelle *DK 2102* würden Sie den Bestand Ihrer Bibliothek zur *Geschichte der Vorschulerziehung* in den *USA und Kanada* angezeigt bekommen.

3.2 Wer (richtig) sucht, der findet – Recherchetechniken und -tipps

Auf den nächsten Seiten möchte ich Ihnen einige Recherchetipps sowie Recherchetechniken mit auf Ihren „Recherche"-Weg geben. Die meisten dieser Tipps und Techniken sollten Sie nicht nur bei Ihrer Recherche in OPACs, sondern auch in anderen Rechercheinstrumenten beherzigen. Sie lernen, mit anderen Worten, das Grundrüstzeug für den Umgang mit Rechercheinstrumenten kennen.

Selbstständige und unselbständige Publikationen

In der Regel können Sie in OPACs ausschließlich selbständige, aber keine unselbständigen Publikationen finden. Unter unselbständigen Publikationen versteht man Aufsätze und Artikel, die in einem Sammelband oder in einer Zeitschrift veröffentlicht wurden. Was bedeutet dies nun konkret für Ihre Recherche? Nehmen wir beispielsweise an, Sie haben in einem Seminar eine Literaturliste erhalten und wollen nun wissen, ob der folgende Zeitschriftenaufsatz in Ihrer Bibliothek verfügbar ist:

Schneider, Thorsten: Die Bedeutung der sozialen Herkunft und des Migrationshintergrunds für Lehrerurteile am Beispiel der Grundschulempfehlung. In: Zeitschrift für Erziehungswissenschaft 14 (2011), S. 371–396.

Bei der Recherche geben Sie den Autorenname (*Schneider, Thorsten*) und den Aufsatztitel (*Die Bedeutung der sozialen Herkunft und des Migrationshintergrunds für Lehrerurteile am Beispiel der Grundschulempfehlung*) in die entsprechenden Suchfelder ein. Zu Ihrer großen Überraschung zeigt Ihnen der OPAC keine Treffer an. Der Grund für die fehlende Trefferausbeute liegt darin, dass Sie nach einer unselbständigen Publikation gesucht haben. Von Bibliotheken werden gewöhnlich lediglich Zeitschriften, nicht aber die in den Zeitschriften abgedruckten Aufsätze katalogisiert. Um den Aufsatz zu finden, müssten Sie also zunächst nach der Zeitschrift selbst suchen. Geben Sie hierfür in das Titelfeld den Namen der Zeitschrift (*Zeitschrift für Erziehungswissenschaft*) ein und beschränken Sie – wenn möglich – die Erscheinungsform bzw. den Medientyp auf *Zeitschrift*. Je nachdem, ob Ihre Bibliothek Zeitschriften frei oder im Magazin aufstellt, müssten Sie in einem nächsten Schritt den entsprechenden Zeitschriftenband (also in unserem Fall: *Band 14*) am Regal suchen oder aber den Band zur Ausleihe bestellen. Bitte bedenken Sie, dass lediglich Zeitschriften des nicht aktuellen Jahrgangs zu Bänden gebunden werden können. Die Zeitschriftenhefte des aktuellen Jahrgangs liegen oftmals in gesonderten Zeitschriftenboxen zur Einsicht aus. Mit etwas Glück gibt es aber auch eine elektronische Variante der von Ihnen gesuchten Zeitschrift. Befinden Sie sich im Campusnetz, können Sie in diesem Fall den Aufsatz als Volltext direkt downloaden.

Bei einer Titelstichwortsuche werden genaue Zeichenfolgen im Katalog abgefragt. Aus diesem Grund ist es wichtig, dass Sie bei der Auswahl Ihrer Recherchebegriffe auf Wortformvarianten achten. Denken Sie nur an die zahlreichen Möglichkeiten, das Adjektiv *vorschulisch* nach Genus, Kasus oder Numerus zu beugen: *vorschulische, vorschulischen, vorschulischem, vorschulischer*. Geben Sie bei einer Stichwortsuche *vorschulischen* ein, schließen Sie sämtliche anderen Flexionen aus der Treffermenge aus. Gleiches gilt natürlich auch für Singular und Pluralformen von Nomen.

Trunkierung

Das Problem der Wortformvarianten können Sie mit Hilfe von Trunkierungen angehen. Bei einer Trunkierung schneiden Sie einen Teil Ihres Suchbegriffs ab und ersetzen ihn durch einen beliebig viele Zeichen umfassenden Platzhalter. Als Platzhalter werden häufig ein *, ? oder $ verwendet. Trunkierungen können Sie am Ende (Rechtstrunkierung) oder am Anfang (Linkstrunkierung) eines Suchbegriffs vornehmen. Allerdings bieten nicht alle Kataloge die Möglichkeit der Linkstrunkierung an. Der Gebrauch einer Rechtstrunkierung ist z.B. hilfreich, wenn Sie unterschiedliche grammatikalische Endungen sowie Komposita in die Recherche einbeziehen möchten.

Beispiel Rechtstrunkierung
Vorschul* findet Vorschule, Vorschulbereich, Vorschulalter, vorschulische, vorschulischen, Vorschulkinder etc.

Beispiel Linkstrunkierung
*förderung findet: Bildungsförderung, Benachteiligtenförderung, Ausbildungsförderung

Die Kunst bei Trunkierungen besteht darin, das Trunkierungszeichen an der richtigen Stelle zu platzieren. Setzen Sie es zu früh im Wort, erhalten Sie zu viele unpassende Treffer. Trunkieren Sie hingegen zu spät, werden eventuell passende Treffer aus der Treffermenge ausgeschlossen.

Eine besondere Form der Trunkierung stellt die Maskierung dar. Bei einer Maskierung wird genau ein Zeichen innerhalb oder am Ende eines Suchbegriffs durch einen Platzhalter ersetzt. Als Maskierungszeichen dient oft eine # oder ein ?. Maskierungen werden z.B. eingesetzt, um unterschiedliche Schreibweisen eines Begriffs bei einer Rechercheanfrage zu berücksichtigen. Zudem können Sie mit Hilfe eines Maskierungszeichens die Suche nach einem Begriff ausschließlich mit

Maskierung

der Pluralform erweitern. Bei einer Trunkierung würden demgegenüber alle möglichen Endungen mit in die Suche einbezogen.

Beispiele Maskierung

behavio#rism findet die amerikanische und englische Schreibweise behaviorism oder behaviourism

Vorschule# findet Vorschule oder Vorschulen

Phrasensuche

Für die Suche nach einem Ihnen bereits bekannten Buchtitel sollten Sie eine Phrasensuche verwenden. Bei einer Phrasensuche wird die eingegebene Wortfolge – und zwar Wort für Wort – gesucht. Um eine Phrasensuche durchzuführen, setzen Sie die Wortfolge in Anführungszeichen (z. B. „Die Gesellschaft der Gesellschaft"). Manche OPACs bieten auch ein Suchfeld *Exakte Suche* an, bei dem alle eingegebenen Begriffe automatisch als Phrase behandelt werden.

Suche nach Sekundärliteratur

Unter Sekundärliteratur sind Texte zu verstehen, die auf der Grundlage von Quellen (Primärliteratur) historische Abläufe, Ideen und Theorien sowie Ereignisse zu interpretieren versuchen. Im Rahmen Ihres Studiums werden Sie sich immer mal wieder mit einem Klassiker der Pädagogik auseinandersetzen müssen. Da auch die besonders wichtigen Denker einer Fachdisziplin verschlagwortet werden, können Sie Sekundärliteratur zu einem Klassiker oder dessen Werke mit Hilfe einer Schlagwortsuche finden. Prüfen Sie wiederum zunächst im Schlagwort-Index nach, ob ein entsprechendes Schlagwort vergeben wurde.

Treffermenge filtern / Facettierung

Erhalten Sie nach einer Suchanfrage eine zu große Treffermenge, können Sie nachträglich eine individuelle Filterung vornehmen. Diese Filterung erfolgt über sogenannte Facetten. Facetten sind Eigenschaftskategorien, die der genaueren Beschreibung der erzielten Treffer dienen. Einige OPACs bieten als Filterkategorien *Fach, Schlagwort, Jahr, Standort, Sprache, Autor, Erscheinungsform* an. Jede einzelne Facette verfügt über eine Reihe von Ausprägungen, mit denen Sie Ihre Treffermenge weiter einschränken können. Nehmen wir beispielsweise an, Sie haben mit dem Schlagwort *Lernen* eine Recherche im OPAC der UB Heidelberg (s. Abb. 8) durchgeführt. Als Pädagoge interessieren Sie sich natürlich insbesondere für Publikationen, die dem Fach Pädagogik zugeordnet wurden. Deshalb klicken Sie in der Facette *Fach* zunächst einmal auf *Erziehung, Bildung, Unterricht*. Zudem wollen Sie nur *deutschsprachige* Titel angezeigt bekommen, die neben dem Schlagwort *Lernen* auch die Schlagwörter *Schule* und *Lernmotivation* aufweisen. Die entsprechenden Ausprägungen finden Sie in den Facetten *Sprache* bzw. *Schlagwort*. Mit jedem Klick auf eine Ausprägung schränken Sie Ihre Treffermenge weiter ein.

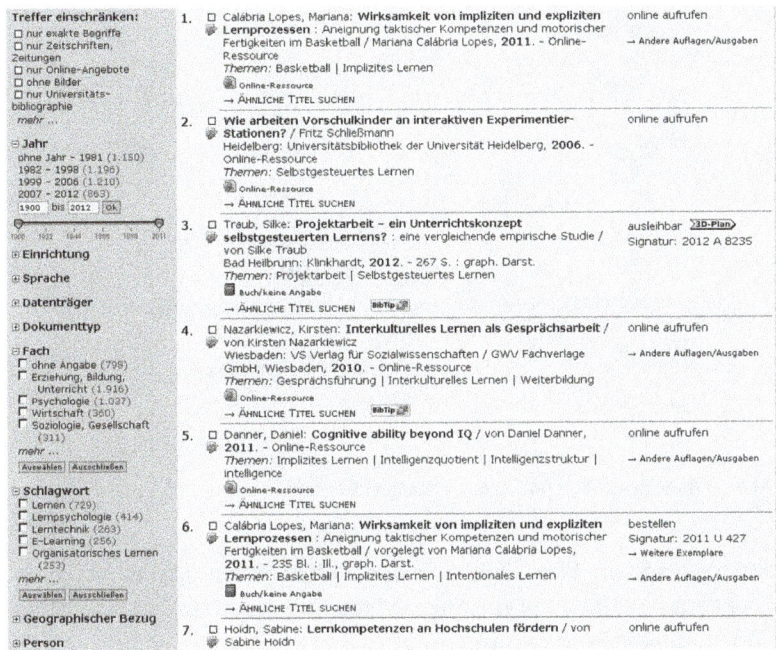

Abb. 8: Facettierung Heidi der UB Heidelberg

Bei einer Facettensuche beginnen Sie also mit einer relativ unspezifischen Suche. Die Treffermenge begrenzen Sie nach und nach durch das Hinzufügen weiterer Suchkriterien. Durch Ihre individuelle Auswahl stellen Sie stets aufs Neue Eigenschaftsbeziehungen zwischen den angezeigten Treffer her. Das große Plus dieser Suchmethode besteht darin, dass die Eigenschaftsbeziehungen in beliebiger Reihenfolge aus- und wieder abwählbar sind.

Unter Schneeballprinzip versteht man eine Recherchestrategie, bei der man die Literaturhinweise eines Buchs oder Aufsatzes als Ausgangspunkt der Suche nach relevanter Literatur nimmt. Diese Vorgehensweise lässt sich auch auf die Recherche in OPACs (und in anderen Recherchewerkzeugen) übertragen. Denn in den seltensten Fällen wissen Sie zu Beginn Ihrer Recherche, mit welchen Schlagwörtern oder Klassifikationen sich die besten Ergebnisse erzielen lassen. Haben Sie ein Buch in der Hand, das nahezu optimal zu Ihrem Thema passt, empfiehlt es sich, in einem ersten Schritt im OPAC nach dem Buchtitel zu suchen. Öffnen Sie dessen Vollansicht und notieren Sie sich die Schlagworte und Klassifikationen, mit denen das Buch inhaltlich erschlossen wurde. Sie können die Schlagworte und Klassifikationen dann in einem zweiten Schritt für die Recherche nach weiteren ähnlichen Publikatio-

Das Schneeballprinzip

```
001.  Gleiche Startchancen schaffen!
      →Titel merken  →Lesezeichen  →drucken

      | Titel | Angaben zum Inhalt | Verfügbarkeit | Empfehlungen |

      Link(s):       • Inhaltstext
                     • Inhaltsverzeichnis
                     • Rezension
      Notation:      • DK 2000 ( Allgemeines und Deutschland )
                     • DU 6000 ( Allgemeines und Deutschland )
      Schlagwörter:  • Bildung / Erziehung / Kindergarten / Unterprivilegierung /
                       Kompensation / Repräsentativität / Sachsen
                     • Sachsen / Kindergartenerziehung / Unterprivilegierung /
                       Kompensation / Bildungsförderung
```

Abb. 9: Angaben zum Inhalt in der Vollansicht der UB Freiburg

nen verwenden. Wenn Sie sich das Aufschreiben sparen möchten, klicken Sie einfach auf die angezeigten Schlagwörter und Klassifikationen, um die Recherche anzustoßen.

Falls Sie über kein Buch verfügen, das sich als Rechercheeinstieg anbietet, starten Sie am besten mit einer Stichwortsuche. Dem oben angeführten Beispiel liegt eine Freie Suche mit dem Stichwort *Bildungsbenachteiligung* im OPAC der UB Freiburg zugrunde. Nach dem Durchschauen der Trefferliste nach relevanten Buchtiteln habe ich die Vollansicht des Treffers *Gleiche Startchancen schaffen! Bildungsbenachteiligung und Kompensationsmöglichkeiten in Kindergärten. Eine repräsentative Erhebung in Sachsen* von *Holger Brandes, Sandra Friedel und Wenke Röseler* geöffnet und mir die Angaben zum Inhalt anzeigen lassen. Sie sehen an diesem Beispiel sehr schön, dass der Begriff *Bildungsbenachteiligung* als Schlagwort nicht vorgesehen ist, sondern vielmehr in die Begriffe *Bildung* und *Unterprivilegierung* aufgelöst wird. Um ähnliche Treffer bei meiner Recherche im OPAC der UB Freiburg zu erzielen, müsste ich also diese beiden Begriffe verwenden. Zudem habe ich die Möglichkeit, meine Recherche mit den Klassifikationen *DK 2000* (*Vorschulerziehung in Deutschland*) und *DU 6000* (*Bildungschancen und kompensatorische Erziehung in Deutschland*) fortzusetzen. In beiden Fällen, also sowohl bei der Schlagwortsuche als auch bei der Suche mit Klassifikationen, bietet sich eine Verknüpfung der Suchkriterien mit dem Booleschen Operator UND an.

Recommender-Funktion

Recommender-Funktionen, also die Empfehlungen vergleichbarer Titel, werden von kommerziellen Datenbanken schon längere Zeit angeboten (so z. B. vom Internet-Versandhandel Amazon: „Kunden, die

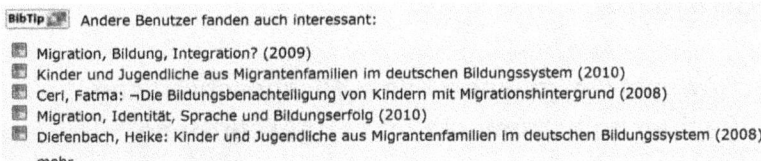

Abb. 10: Empfehlungen im OPAC der UB Erlangen-Nürnberg

diesen Artikel gekauft haben, kauften auch ..."). OPACs weisen solche empfehlende Funktionen erst seit einiger Zeit auf. Grundlage für die Empfehlungen ist hier nicht das Kaufverhalten der Kunden, sondern zumeist die statistische Analyse des Rechercheverhaltens der Bibliotheksbenutzer („Andere fanden auch interessant..."). Recommender-Funktionen ergänzen die inhaltliche Erschließung.

Advanced

4 Gewusst wo, gewusst wie – Wissenschaftliche Rechercheinstrumente für Fortgeschrittene

In den ersten Semestern Ihres Studiums wird Ihnen der OPAC Ihrer Bibliothek eine wertvolle und zumeist auch vollkommen ausreichende Hilfe bei der Literatursuche sein. Viele Dozenten teilen in ihren Seminaren und Vorlesungen Literaturlisten mit einschlägigen Literaturempfehlungen aus. Ihre Aufgabe beschränkt sich im Großen und Ganzen auf das Auffinden der auf der Literaturliste sich befindenden Publikationen. Im Laufe des Studiums ändert sich jedoch der Anspruch an Ihre Literaturrecherchen. Es wird von Ihnen erwartet, dass Sie selbständig eine Literaturanalyse, also eine Sichtung und Bewertung der zu einem Thema existierenden Fachliteratur vornehmen können. Den Anforderungen an eine umfassende Literaturanalyse kann der OPAC aus zwei Gründen nicht mehr genügen:

(a) Er verzeichnet nur die selbstständig erschienenen Werke vollständig (Bücher und Zeitschriften, jedoch nicht die darin enthaltenen Aufsätze).

(b) Er weist nur diejenigen Werke nach, die eine Bibliothek auch tatsächlich besitzt.

In diesem Kapitel werden wir uns Rechercheinstrumenten zuwenden, mit denen Sie die Nachteile eines OPACs überwinden und umfassendere Recherchen durchführen können. Erhoffen Sie sich von dem Kapitel aber keine vollständige Auflistung aller für Erziehungswissenschaftler relevanten Informationsquellen. Ein solches Projekt wäre aufgrund der vielfältigen Wissensgebiete, mit denen sich Erziehungswissenschaftler beschäftigen, von vornherein zum Scheitern verurteilt. Vielmehr werde ich versuchen, Ihnen einen ersten Eindruck über die Bandbreite und Leistungsfähigkeit wissenschaftlicher Rechercheinstrumente zu geben. Die vorgestellten Informationsquellen sind also das Resultat einer Auswahl, die immer hätte auch anders getroffen werden können.

4.1 Über den Tellerrand – Noch mehr Bibliothekskataloge

4.1.1 Die Sammelspezialisten – Bibliotheken der Sondersammelgebiete

Laut dem Statistikportal Statista wurden im Jahr 2011 alleine in Deutschland über 82.000 wissenschaftliche Publikationen veröffentlicht. Die höchste Zahl an Publikationen weltweit weisen die USA mit über 310.000 Veröffentlichungen auf. Rund um den Globus werden Jahr für Jahr, so jedenfalls Schätzungen, ca. 800.000 wissenschaftliche Bücher und Zeitschriften herausgegeben. In Anbetracht solcher gewaltigen Zahlen ist es leicht nachzuvollziehen, warum wissenschaftliche Bibliotheken als Einzelinstitutionen niemals in der Lage sein können, sämtliche Neuerscheinungen aus dem Wissenschaftssektor zu erwerben und ihren Nutzern vor Ort bereitzustellen. Dafür reichen weder ihr Etat noch ihr begrenzter Platz. Sie müssen deshalb Entscheidungen darüber fällen, welche Publikationen sie erwerben und welche sie nicht erwerben möchten. Ihre Erwerbungsentscheidungen machen sie in erster Linie von den Forschungs- und Lehrschwerpunkten ihrer Universität abhängig. Natürlich verschieben sich diese Schwerpunkte – etwa im Zuge von Berufungen neuer Lehrstuhlinhaber – von Zeit zu Zeit. Universitätsbibliotheken müssen dementsprechend beständig ihr Erwerbungsprofil an sich verändernden Rahmenbedingungen anpassen. Und während man dabei ist, Lücken im lokalen Bestand zu schließen, entstehen in Folge der flexiblen Erwerbungspolitik genau eben diese an anderen Stellen neu.

Um sicherzustellen, dass jedes wissenschaftlich relevante Buch in mindestens einem Exemplar in Deutschland vorhanden ist, wurden von der Deutschen Forschungsgemeinschaft (DFG) – die zentrale Einrichtung zur Förderung der Forschung und öffentlich finanzierten Forschungsinstitute in Deutschland – Sondersammelgebiete ins Leben gerufen. Aufgabe dieser Sondersammelgebiete (SSG) ist es, alle relevanten Neuerscheinungen einer Wissenschaftsdisziplin möglichst vollständig zu erwerben und über die Fernleihe bundesweit verfügbar zu machen. Den in Deutschland auf mehrere Bibliotheken verteilten Sondersammelgebieten fällt somit neben einer Sammel- und Archivierungsfunktion auch eine Bereitstellungsfunktion zu. Einen Überblick über die verschiedenen Sammelschwerpunkte verschafft Ihnen das Informationssystem *Webis*.

Sondersammel-
gebiets-Bibliotheken

Auf den folgenden Seiten habe ich Ihnen Kurzbeschreibungen zu Sondersammelgebieten aufgeführt, die für die pädagogische Forschung von besonderem Interesse sind. Gerade bei etwas abseitigeren

Hausarbeitsthemen kann es vorkommen, dass Sie keine oder nur sehr wenig Literatur im OPAC Ihrer Bibliothek finden. Bei Abschlussarbeiten ist es ohnehin geboten, sich die Zeit für eine über die Bestände Ihrer Universitätsbibliothek hinausgehende Recherche zu nehmen. Denn nur so können Sie sicherstellen, dass Sie alle Standardwerke zu Ihrem Thema in Ihrer Arbeit berücksichtigen.

SSG Bildungsforschung
Die Universitätsbibliothek Erlangen-Nürnberg betreut das Sondersammelgebiet Bildungsforschung. Erworben und inhaltlich erschlossen werden Veröffentlichungen des In- und Auslandes einschließlich der außerhalb des Buchhandels publizierten sogenannten grauen Literatur. Von der Sammlung ausgeschlossen sind Veröffentlichungen zur Pädagogischen Psychologie, Literatur aus Osteuropa, Afrika, Asien und Südamerika sowie Fachdidaktiken. Diese Bereiche werden von anderen Sondersammelgebieten abgedeckt. Die Sammlung des SSG Bildungsforschung wächst jährlich um 6.000 bis 7.000 Medien. Im OPAC der UB Erlangen-Nürnberg haben Sie unter dem Reiter *"Zusätzliche Suchoptionen"* die Möglichkeit, Ihre Recherche auf den Bestand des Sondersammelgebiets einzuschränken. Der komplette Bestand des SSGs ist über Fernleihe oder über den Dokumentlieferdienst Subito bestellbar.

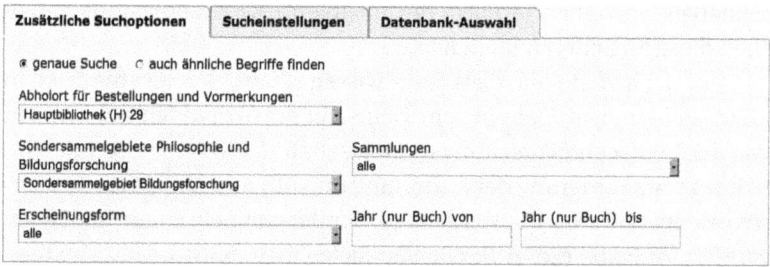

Abb. 11: Einschränkung der Suchoption im OPAC der UB Erlangen-Nürnberg

SSG Bildungsgeschichtliche Forschung
Für das Sondersammelgebiet Bildungsgeschichtliche Forschung zeichnet die Bibliothek für Bildungsgeschichtliche Forschung (BBF) in Berlin verantwortlich. Die BBF gehört zum Deutschen Institut für Internationale Pädagogische Forschung (DIPF). Sie ist mit rund 720.000 Bänden die umfangreichste pädagogische Forschungs- und Spezialbibliothek in Deutschland. Neben Sekundärliteratur zur Historischen

Bildungsforschung des deutschsprachigen Raums sammelt sie zudem bildungsgeschichtliche Quellenliteratur. Die BBF bietet Ihnen unterschiedliche Sucheinstiegsmöglichkeiten. Im Bibliothekskatalog ist der Medienbestand ab dem Erscheinungsjahr 1485 verzeichnet. Über eine Archivdatenbank bietet sich die Gelegenheit, in dem ca. 255.000 Datensätzen umfassenden Archiv der BBF zu recherchieren. Darüber hinaus haben Sie über die Datenbanken *Pictura Paedagogica Online* (PPO), *Vox Paedagogica Online* (VPO) und *Scripta Paedagogica Online* (SPO) einen direkten Zugriff auf digitale Bild-, Ton- und Textdokumente. Die PPO bietet freien Zugang zu bildungshistorischen Abbildungen (Buchillustrationen, historischen Postkarten). In der VPO stehen Ihnen Audioselbstdarstellungen emeritierter Erziehungswissenschaftler (z.B. von Wolfgang Brezinka und von Hartmut von Hentig) zur Verfügung. Die SCO ist ein Textarchiv, das unter anderem pädagogische Zeitschriften ab dem Erscheinungsjahr 1766, pädagogische Nachschlagewerke der Erscheinungsjahre 1774 bis 1943, Verzeichnisse preußischer Lehrer/-innen von der Mitte des 19. Jahrhunderts bis 1945 sowie Schulprogramme/Jahresberichte preußischer höherer Schulen umfasst.

SSG Hochschulwesen
Die Universitätsbibliothek der Humboldt-Universität zu Berlin sammelt für ganz Deutschland Literatur aus dem Bereich Hochschulwesen. Neben Sekundärliteratur zum Hochschulwesen beinhaltet die Sammlung auch Programme, Personal- und Vorlesungsverzeichnisse, Statuten, Ordnungen, das Hochschulwesen und einzelne Institutionen betreffende Reden und andere universitäre Schriften. Ein besonderes Augenmerk legt die Sammlung auf ausländische Publikationen aus Nordeuropa, Niederlande, Belgien, Frankreich und USA. Im OPAC der Universitätsbibliothek haben Sie im Menüpunkt „*HU-Kataloge*" die Möglichkeit, Ihre Recherche auf das Sondersammelgebiet Hochschulwesen einzuschränken.

SSG Schulbücher
Der Sammelschwerpunkt Schulbücher wird von der Bibliothek des Georg-Eckert-Instituts in Braunschweig betreut. Er gehört weltweit zu den umfangreichsten Sammlungen internationaler Schulbücher der Fächer Geschichte, Geographie, Politik/Sozialkunde und Deutsch. Neben einem Online-Gesamtkatalog bietet die Bibliothek des Georg-Eckert-Instituts zudem jeweils Online-Kataloge für Schulbücher, wissenschaftliche Literatur und Schulbuchforschung/Schulbuchanalyse an. Mit Hilfe dieser Einzelkataloge können Sie begrenzte Ausschnitte des Gesamtbestandes gezielt durchsuchen.

Frankfurter Forschungsbibliothek (FFB) mit der Frankfurter Lehrerbücherei

Die Frankfurter Forschungsbibliothek (FFB) gehört zwar nicht zu den durch die DFG unterstützten Sondersammelgebiets-Bibliotheken. Mit ihrem Bestand von rund 220.000 Medien zählt sie jedoch zu den größten Spezialbibliotheken im deutschsprachigen Raum. Im Unterschied zu Universalbibliotheken wird in Spezialbibliotheken ausschließlich Literatur zu einem spezifischen Themenbereich erworben. Die Frankfurter Forschungsbibliothek legt ihren Erwerbungsschwerpunkt auf Medien zur empirischen und vergleichenden Bildungsforschung und Erziehungswissenschaft. Im Zentrum steht dabei die Dokumentation des vorschulischen und schulischen Bereichs im deutschsprachigen und europäischen Raum. Der Spezialbibliothek ist zudem die Frankfurter Lehrerbücherei (FLB) mit ihrer Sammlung praxisorientierter Literatur angeschlossen.

Bisher haben wir uns lediglich Rechercheinstrumente angeschaut, mit denen Sie in den lokalen Beständen einzelner Bibliotheken nach Literatur suchen können. Das „Abklappern" von Bibliotheken ist jedoch nicht nur enorm zeitaufwendig, es setzt zudem ein Wissen über die für das eigene Thema relevanten Bibliotheksbestände voraus. Außerdem besteht beim Bibliotheken-Hopping die Gefahr, den Überblick über die bereits durchgeführten Recherchen zu verlieren. Neben der Literatursuche in lokalen Bibliotheken sollten Sie deshalb auch die Möglichkeit der parallelen Recherche in mehreren Bibliotheksbeständen in Betracht ziehen. Für eine überlokale Recherche bieten sich zum einen *Verbundkataloge* und zum anderen *virtuelle Kataloge* an.

4.1.2 Bibliotheksübergreifend recherchieren – Verbundkataloge

In Deutschland hat man bereits in den 1970er Jahren damit begonnen, regionale Bibliotheksverbünde aufzubauen. Ziel war es, eine regionale Zusammenarbeit bei der Erschließung von Publikationen zu etablieren. Die bis zu diesem Zeitpunkt gängige Praxis, nach der es in der Hand jeder einzelnen Bibliothek lag, ihren Bestand zu katalogisieren, war aus arbeitsökonomischer Sicht kaum mehr tragfähig. Vielmehr sollte eine technische Infrastruktur geschaffen werden, die es Bibliotheken ermöglicht, bereits von anderen Bibliotheken erstellte Katalogisate für den eigenen Bestand zu nutzen. Mit der regionalen Vernetzung von Bibliotheken zu Bibliotheksverbünden sind zugleich auch fünf große Verbundkataloge entstanden, die einen Zugriff auf die jeweiligen Bestände der beteiligten Bibliotheken erlauben:

- **hbz-Verbundkatalog** (HBZ = Hochschulbibliothekszentrum des Landes Nordrhein-Westfalen)
  Verbundkatalog der Bibliotheken in Nordrhein-Westfalen und eines großen Teils von Rheinland-Pfalz mit ca. 17 Millionen Titelnachweisen

- **Gateway Bayern**
  gemeinsamer Verbundkatalog des Bayerischen Bibliotheksverbundes (BVB) und des Kooperativen Bibliotheksverbundes Berlin-Brandenburg (KOBV) mit ca. 20 Millionen Titelnachweisen

- **Gemeinsamer Verbundkatalog** (GVK)
  Katalog des Gemeinsamen Bibliotheksverbundes der Länder Bremen, Hamburg, Mecklenburg-Vorpommern, Niedersachsen, Sachsen-Anhalt, Schleswig-Holstein und Thüringen mit über 35,6 Millionen Titelnachweisen

- **HeBIS-Verbundkatalog** (HeBIS = Hessisches BibliotheksInformationsSystem)
  Dienstleistungsverbund aller großen wissenschaftlichen Bibliotheken in Hessen und in der Region Rheinhessen des Landes Rheinland-Pfalz mit ca. 15 Mio. Titelnachweisen

- **SWB Online-Katalog** (SWB = Südwestdeutscher Bibliotheksverbund)
  Verbundkatalog der Bibliotheken in Baden-Württemberg, Saarland und Sachsen mit ca. 15,5 Mio. Titelnachweisen

Verbundkataloge weisen in ihrer Trefferanzeige nach, in welcher Bibliothek Sie welche Publikationen finden können. Einige Verbundkataloge bieten für Medien, die nicht in Ihrer Bibliothek vor Ort verfügbar sind, direkte Bestellmöglichkeiten über die Fernleihe oder Subito an. Hierbei gelten die entsprechenden Bestimmungen der Benutzungs- und der Gebührenordnung Ihrer lokalen Bibliothek.

Beachten Sie, dass Verbundkataloge überwiegend selbständige Publikationen verzeichnen. Im Vergleich zu lokalen Bibliothekskatalogen ist in ihnen zwar die Chance erhöht, auf einen Zeitschriftenaufsatz zu stoßen. Für eine gezielte Suche nach unselbständigen Publikationen eignen sie sich jedoch nicht.

Obgleich Ihnen die regionalen deutschen Verbundkataloge bereits einen riesigen Datenpool zur Verfügung stellen, so wird die Zahl der nachgewiesenen Titel vom *WorldCat* noch einmal um ein Vielfaches getoppt. Der WorldCat ist eine Art globaler Katalog, der die Bestände und Dienstleistungen von über 72.000 Bibliotheken aus 170 Ländern

und Regionen vernetzt. Im WorldCat können Sie in über 270 Mio. Titelnachweisen (Stand: 04.08.2012) nach Büchern, Videos, Sammelwerken, Artikeln, Hörbüchern und Musik, E-Books, Kulturgegenständen, digitalen Objekten, Websites und vielem mehr recherchieren. Insgesamt sind Titelnachweise aus mehr als 400 Sprachen vertreten. Trotz dieser immensen Fülle an nachgewiesenen internationalen Publikationen ist der WorldCat jedoch nur bedingt für eine thematische Suche geeignet. Leider hat sich bis heute kein länderübergreifendes Regelwerk bzw. kontrolliertes Vokabular zur inhaltlichen Erschließung von Publikationen durchgesetzt. Bei der thematischen Suche sehen Sie sich somit immer mit dem Problem konfrontiert, geeignete Schlagwörter in verschiedenen Sprachen auf gut Glück auszuprobieren. An eine vollständige Recherche ist unter diesen Bedingungen kaum zu denken.

4.1.3 Einer für alle – Der Virtuelle Katalog

Im Gegensatz zu Verbundkatalogen verfügen virtuelle Kataloge über keine eigene Datenbasis. Es sind vielmehr Portale, die Suchanfragen an lokale Kataloge oder Verbundkataloge weiterleiten und eine nach Bezugsquellen differenzierte Ergebnisliste generieren. Weil sie eine parallele Recherche in mehreren Datenbezugsquellen ermöglichen, werden sie häufig auch als Meta-Kataloge bezeichnet.

Einer der bekanntesten Virtuellen Kataloge ist der Karlsruher Virtuelle Katalog (KVK). Die Oberfläche des KVKs bietet Ihnen die Möglichkeit, in über 60 Bibliotheks- und Buchhandelskatalogen gleichzeitig zu recherchieren. Neben Bibliotheks- und Verbundkataloge aus Deutschland, Österreich und der Schweiz können auch wichtige internationale Nationalbibliotheken (z.B. British Library, Bibliothèque nationale de France) bzw. Bibliotheken (z.B. Library of Congress) durchsucht werden. Das Konzept des KVKs, diverse Kataloge mittels einer einzigen Suchoberfläche durchsuchbar zu machen, bringt zwar auf der einen Seite eine gewisse Recherchevereinfachung mit sich. Schließlich müssen Sie die Kataloge nicht mehr je für sich einzeln aufrufen. Auf der anderen Seite wird dieser Komfortgewinn mit eingeschränkten Suchfunktionalitäten erkauft. So unterstützen z.B. nicht alle angebotenen Kataloge sämtliche Suchfelder. Vor allem aber sehen Sie sich ähnlich wie beim WorldCat mit dem Problem der fehlenden bibliotheksübergreifenden Richtlinien für die inhaltliche Erschließung von Publikationen konfrontiert. Um eine vollständige thematische Suche auszuführen, müssten Sie dementsprechend die Suchbegriffe in der Landessprache

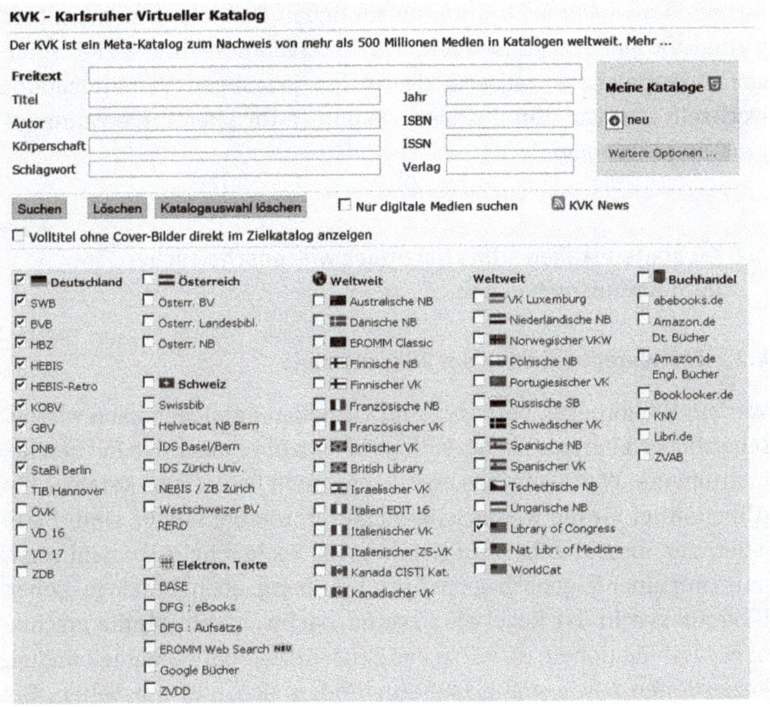

Abb. 12: Suchmaske des Karlsruher Virtuellen Katalogs

der jeweils ausgewählten Kataloge und gemäß den dort angewendeten Regeln für die Schlagwortvergabe eingegeben. Zieht man diese Probleme des KVKs in Betracht, bleiben als sinnvoll nutzbare Suchfelder lediglich die Suchfelder *Autor* und *Titel* übrig.

Eine Alternative zum KVK stellt die *Max Planck Virtual Library* (VLib) dar. VLib ermöglicht Ihnen die Suche in nahezu allen Katalogen der Max-Planck-Bibliotheken sowie zahlreichen externen Katalogen, darunter auch sämtliche deutsche Verbundkataloge sowie die Library of Congress und die Deutsche Nationalbibliothek. Im Vergleich zum KVK verfügt VLib zwar über eine geringere Auswahl an internationalen Katalogen. Diese Begrenzung lässt sich jedoch in Anbetracht der integrierten Kataloge und Verbundkataloge leicht verschmerzen. Was spricht nun aber dafür, anstelle des Karlsruher Virtuellen Katalogs die Max Planck Virtual Library zu nutzen? Das große Plus von VLib besteht darin, dass sie im Unterschied zum KVK einen Export von bibliographischen Daten in einem für Literaturverwaltungsprogramme einlesbaren Format unterstützt. Falls Sie ein Literaturverwaltungsprogramm nutzen, können Sie die Rechercheergebnisse direkt aus der Trefferliste der

Max Planck Virtual Library

Virtual Library heraus in Ihrer persönlichen Datenbank sichern. Dies ist im KVK leider nicht möglich. Um die Ergebnisse Ihrer KVK-Recherche abzuspeichern, müssen Sie in den jeweiligen Verbundkatalog wechseln und von dort aus einen Export in Ihr Literaturverwaltungsprogramm anstoßen.

4.2 Fachdatenbanken – Das Herzstück wissenschaftlicher Informationsrecherchen

4.2.1 Fachdatenbanken in der Wissenschaft

Wer mit Bibliotheks-, Verbund- und virtuellen Katalogen nach wissenschaftlicher Literatur sucht, verfügt bereits über mächtige Rechercheinstrumente. Was allerdings noch lange nicht heißt, dass Kataloge ein Allheilmittel für die wissenschaftliche Informationssuche sind. Denn jeder, der ausschließlich auf Kataloge als Rechercheinstrument setzt, muss mit einer folgenschweren Einschränkung leben: Kataloge dienen Bibliotheken in der Regel als Bestandsnachweis selbständig erschienener Publikationen. Aufsätze aus Zeitschriften oder Sammelbänden, Rezensionen sowie graue Literatur finden sich hier nur selten. Bei einer Katalogrecherche berücksichtigen Sie also nur einen kleinen Ausschnitt wissenschaftlicher Publikationsformen und schließen andere wichtige Informationsquellen von vornherein aus. Möchten Sie dahingegen Ihre Recherche auf eine breitere Basis stellen, sollten Sie auf keinen Fall auf Fachdatenbanken verzichten. Fachdatenbanken gehören zu den in der Wissenschaft mit am häufigsten verwendeten Rechercheinstrumenten.

Schauen wir uns zunächst einmal an, was unter einer Datenbank zu verstehen ist. Der Begriff Datenbank umfasst zwei unterschiedliche Aspekte. Eine Datenbank ist zum einen eine nach festgelegten Regeln strukturierte Sammlung von Daten zu einem Themenbereich. Die Aufnahme von Daten in einen Datenbestand bezeichnet man dabei als Indexierung. Zum anderen beruhen Datenbanken auf einem Datenbankverwaltungssystem (DBMS). Das DBMS enthält Funktionen zum Suchen, Sortieren, Filtern und formatierten Ausgeben der gesammelten Daten. Entsprechend dieser beiden Aspekte einer Datenbank lassen sich Datenbankproduzenten von Datenbankanbietern (Hosts) unterscheiden. Datenbankproduzenten sammeln und ordnen Daten. Die Datenbankanbieter dahingegen sind für die Bereitstellung, die Vermarktung und den Vertrieb der Datenbanken verantwortlich.

In Datenbanken können Texte, Adressen, Zahlen, Datums- und Zeitwerte, aber auch Bilder gesammelt werden. Idealtypisch lassen sich Datenbanken nach der Art der in ihnen enthaltenen Informationen in drei Datenbankarten unterteilen:

(1) Referenzdatenbanken

Referenzdatenbanken verzeichnen Fachliteratur (Zeitschriftenaufsätze, Monographien, Konferenzbeiträge, Dissertationen) zu einem Wissensgebiet. In der Prä-Internet-Zeit lagen solche Publikationsverzeichnisse – im Fachjargon spricht man von *Fachbibliographien* – in gedruckter Form vor. Die Buchform wurde in den vergangenen Jahren jedoch mehr und mehr von Online-Datenbanken verdrängt. Referenzdatenbanken weisen nicht die Publikationen an sich, sondern lediglich bibliographische Angaben (Autor, Titel, Quelle) sowie eventuell Angaben zur Inhaltserschließung (Deskriptoren, Abstracts, Klassifikationen) nach. Sie werden deshalb oft auch als *bibliographische Fachdatenbanken* bezeichnet. Da von ihnen die wichtigsten Zeitschriften einer Fachdisziplin ausgewertet werden, sind sie die Rechercheinstrumente erster Wahl, wenn es um die Suche nach Aufsatzliteratur aus einem Fachgebiet geht.

Fachbibliographie

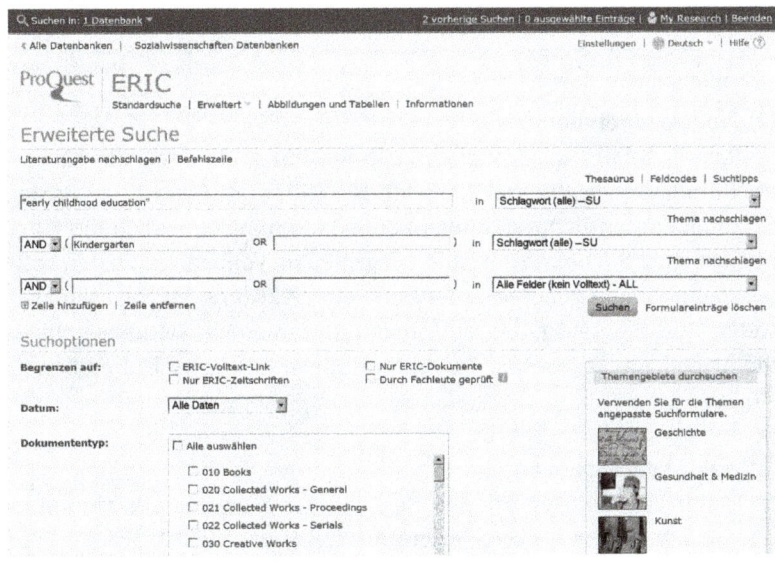

Abb. 13: Datenbankoberfläche ProQuest

Die drei führenden Anbieter von Referenzdatenbanken im geistes- und sozialwissenschaftlichen Bereich sind EBSCO, ProQuest und Ovid. Jeder dieser drei Anbieter hat eine eigene Datenbankoberfläche entwickelt, mit der Sie verschiedene Datenbanken durchsuchen können. Falls Ihre Bibliothek über entsprechende Lizenzen verfügt, bietet Ihnen z. B. die Datenbankoberfläche von ProQuest die Möglichkeit, in den Datenbanken *ERIC*, *Philosopher's Index*, *Sociological Abstracts* und *Worldwide Political Abstracts* zu recherchieren. Die Datenbankoberflächen erlauben es, eine parallele Suche in verschiedenen Datenbanken vorzunehmen. Denken Sie bei dieser *CrossSearch* jedoch daran, dass die Datenbanken mit unterschiedlichen Schlagworten bzw. kontrollierten Vokabularen arbeiten.

Im Gegensatz zu Katalogen, in denen man in der Regel lediglich nach Büchern und Zeitschriften suchen kann, die sich im Besitz einer Bibliothek befinden, weisen bibliographische Datenbanken Literatur unabhängig von ihrem Standort nach. Es kann also gut sein, dass Sie bei einer Fachdatenbankrecherche auf Treffer stoßen, die nicht in Ihrer Bibliothek vorhanden sind.

Berichtszeitraum — Achten Sie bei der Verwendung von Referenzdatenbanken unbedingt auf den Berichtszeitraum. Er gibt den Zeitraum an, aus dem die verzeichneten Referenzen stammen. Anhand des Berichtszeitraums können Sie z. B. erkennen, ob eine Zeitschrift vollständig seit dem Beginn ihres Erscheinens ausgewertet wurde.

(2) Volltextdatenbanken
Volltextdatenbanken ermöglichen Ihnen einen direkten Zugriff auf die Publikation selbst und z. T. auch auf Bilder und/oder Tabellen der Originalveröffentlichung. Einige Volltextdatenbanken sehen die Möglichkeit einer Suche von einzelnen Begriffen im Volltext vor. Zu den Volltextdatenbanken gehören unter anderem elektronische Nachschlagewerke und Werkausgaben einzelner Autoren sowie Zeitungsarchive, die Artikel von Tages- und Wochenzeitungen und Zeitschriften bereitstellen.

(3) Faktendatenbanken
In Faktendatenbanken können Sie, wie der Name bereits vermuten lässt, nach Fakten recherchieren und diese unmittelbar abrufen. Sie finden hier Angaben zur amtlichen Statistik, zu Wirtschafts- und Sozialstatistiken, aber auch Angaben zu Eigenschaften chemischer oder physikalischer Einheiten, betrieblichen Daten oder Finanzdaten von Wertpapieren. Faktendatenbanken spielen vor allem in den naturwissenschaftlichen und sozialwissenschaftlichen Fächern eine große Rolle.

In den letzten Jahren haben sich die Grenzen zwischen diesen drei Datenbanktypen zunehmend aufgelöst. Zahlreiche Referenzdatenbanken sind dazu übergegangen, neben den bibliographischen Angaben auch elektronische Volltexte in ihr Angebot zu integrieren. Für den Nutzer von Referenzdatenbanken bedeutet dies einen spürbaren Komfortzugewinn. Sah er sich bisher genötigt, nach einer erfolgreichen Recherche die Datenbank zu verlassen, um im eigenen Bibliothekskatalog zu prüfen, ob bestimmte Bücher oder Zeitschriften gedruckt oder elektronisch zur Verfügung stehen, so kann er jetzt die recherchierte Literatur direkt aus der Datenbank abrufen.

Bei Referenzdatenbanken, die keine Volltexte aufweisen, erleichtern sogenannte *Linkresolver* die Verfügbarkeitsrecherche. Ein Linkresolver übernimmt die bibliographischen Daten eines recherchierten Dokuments in Form einer OpenURL und überprüft dessen Verfügbarkeit in lokalen Nachweisinstrumenten wie dem OPAC und dem regionalen Verbundkatalog. Häufig werden auch von Ihrer Bibliothek lizenzierte Volltextdatenbanken und wissenschaftliche Suchmaschinen in die Anschlussrecherche einbezogen. In der Regel erkennen Sie Linkresolver, die inzwischen in den meisten Referenzdatenbanken zu finden sind, an dem SFX-Button.

Linkresolver

S·F·X

4.2.2 DBIS – Eine Datenbank für Datenbanken

Selbst für Informationsspezialisten ist das heutige Angebot an Fachdatenbanken kaum mehr zu überschauen. Beständig bereichern neue Angebote die Landschaft an Fachdatenbanken, während zur gleichen Zeit bestehende Angebote nicht mehr weitergepflegt werden, bis sie schließlich ganz von der Bildfläche verschwinden. Um eine leichtere Orientierung in der sich ständig verändernden Datenbank-Landschaft zu ermöglichen, wurde von der Universitätsbibliothek Regensburg im Jahr 2002 ein Datenbank-Infosystem (kurz: DBIS) entwickelt. DBIS ist eine Datenbank für Datenbanken. In DBIS werden sowohl frei zugängliche wie auch von Ihrer Bibliothek bzw. von der DFG lizenzierte Datenbanken verzeichnet. Sie können hier Datenbanktypen aller Art (u.a. elektronische Ausgaben von Bibliographien, Lexika als CD-ROM- oder Online-Datenbanken, Volltext- und Faktendatenbanken) aus sämtlichen Fachgebieten finden. Für die Suche nach Datenbanken stehen Ihnen verschiedene Sucheinstiege offen:

Die Fächerübersicht

Auf der Startseite von DBIS haben Sie die Möglichkeit, mit Hilfe einer *Fächerübersicht* eine Vorauswahl an Datenbanken zu treffen. So bekommen Sie mit einem Klick auf das Fach *Pädagogik* das Gesamtangebot der für die Recherche nach pädagogischen Fachinformationen relevanten Datenbanken angezeigt. Voreingestellt ist eine alphabetische Sortierung der Trefferliste. Dabei werden die TOP-Datenbanken prominent aus dem Gesamtangebot herausgestellt. Die Entscheidung, welche Datenbanken zu den TOP-Datenbanken gehören, erfolgt standortabhängig. Wundern Sie sich also nicht, wenn die Anzeige der TOP-Datenbanken von Bibliothek zu Bibliothek variiert. Alternativ zur alphabetischen Sortierung können Sie auch eine Sortierung nach Datenbanktypen oder Zugangsart wählen. Entscheiden Sie sich für einen Sortierung nach Datenbanktypen, lässt sich das Angebot z.B. auf Faktendatenbanken oder Bilddatenbanken einschränken.

Schnelle Suche

Falls Sie bereits eine genaue Vorstellung darüber haben, in welcher Datenbank Sie recherchieren möchten, können Sie die *Schnelle Suche* verwenden. Ihre Suchanfrage wird automatisch rechtstrunkiert, sodass Sie den von Ihnen gesuchten Datenbanktitel nicht vollständig ausschreiben müssen.

Erweiterte Suche

In DBIS steht Ihnen zudem eine *Erweiterte Suche* offen. Da auch Datenbanken mit Hilfe von Schlagworten inhaltlich beschrieben werden, haben Sie in der Erweiterten Suche die Möglichkeit, eine Schlagwortsuche durchzuführen und Ihre Recherche auf bestimmte Datenbanktypen aus unterschiedlichen Fachgebieten zu beschränken. Wenn Sie z.B. wissen möchten, ob Ihre Bibliothek Volltextdatenbanken zur Kinderliteratur anbietet, verwenden Sie bei der Recherche einfach das Schlagwort *Kinderliteratur* und wählen Sie den Datenbanktyp *Volltextdatenbank* aus. Gegenüber der Fächerübersicht hat die Erweiterte Suche das große Plus, eine interdisziplinäre Recherche nach Datenbanken zu bestimmten Themenbereichen zu ermöglichen.

Bitte beachten Sie, dass Sie mit den Sucheinstiegen ausschließlich das Datenbankangebot von DBIS, nicht aber die Datenbankinhalte durchsuchen können.

Nach Auswahl der gewünschten Datenbank öffnet sich in DBIS eine Detailansicht. Der Detailansicht können Sie Informationen zu den Inhalten und Nutzungsbedingungen der Datenbank, aber auch Verweise auf Datenbank-Tutorials entnehmen. Zudem finden Sie hier einen Link, mit dem sich die Recherche in der Datenbank starten lässt. Leider kommt es (wenn auch selten) vor, dass Datenbanklizenzen eine Begrenzung der Anzahl möglicher paralleler Zugriffe vorsehen. Ob eine Begrenzung vorliegt, sehen Sie am Ende der Detailansicht unter *Lizenz*. Steht hier anstatt *unbegrenzt* eine Zahl, so lässt sich die Datenbank entsprechend des Zahlenwerts lediglich von einer begrenzten Anzahl von Personen gleichzeitig nutzen. Falls Sie also einmal keinen Zugriff erhalten, müssen Sie sich etwas gedulden und auf eine frei werdende Zugriffsberechtigung warten. Allerdings dürften diese begrenzten Zugriffsberechtigungen bei pädagogischen Fachdatenbanken eher selten vorkommen.

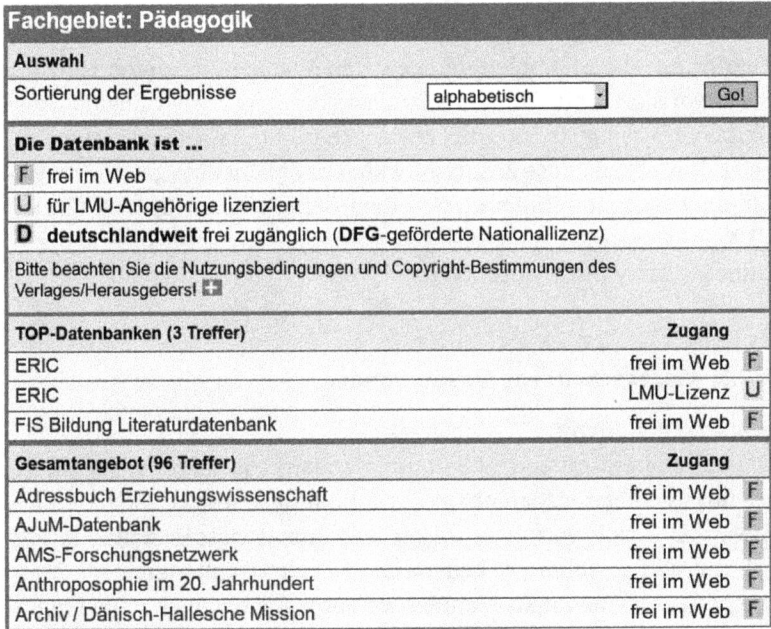

Abb. 14: Ansicht von DBIS der UB München

Haben Sie eine für Ihr Thema passende Datenbank gefunden, sollten Sie als nächstes einen Blick auf deren Nutzungsbedingungen werfen. Denn nicht jede in DBIS aufgelistete Datenbank ist frei im Web verfügbar. Abhängig von den Lizenzen, die Ihre Bibliothek abgeschlossen hat, bestehen vielmehr unterschiedliche Zugriffsmodelle. Welches Zugriffsmodell für eine Datenbank gilt, erkennen Sie am Ampelsystem bzw. Farbschema, mit dem jede Datenbank unter *Zugang* gekennzeichnet wird. Eine genaue Erläuterung der Symbole finden Sie direkt über dem Datenbankangebot. Viele Fachdatenbanken sind geschützte Ressourcen, die sich ausschließlich im Campusnetz Ihrer Universität aufrufen lassen. Datenbankanbieter versuchen auf diese Weise sicherzustellen, dass die Zugriffsmöglichkeiten auf ihr kostenpflichtiges Produkt auf die Angehörigen der Universität beschränkt bleiben. Den Angehörigen der Universität stehen dennoch Möglichkeiten offen, lizenzierte Datenbanken auch von außerhalb der Universität zu nutzen. Der Zugang erfolgt dann zumeist über einen *VPN-Client* oder über *Shibboleth*.

Shibboleth / VPN-Client

Bei beiden Varianten benötigen Sie für die Einwahl ins Campusnetz einen persönlichen Account (Uni-ID und Passwort). Den Account erhalten Sie in der Regel bei Ihrer Immatrikulation vom Rechenzentrum. Shibboleth ist ein Authentifizierungs- und Autorisierungssystem für webbasierte Dienstleistungsangebote. Nach erfolgreicher Authentifizierung mit Ihren Anmeldedaten am Shibboleth-Server haben Sie Zugriff auf alle Shibboleth-fähigen Datenbanken, zu deren Nutzung Sie autorisiert sind. Für Datenbanken, bei denen kein Zugang über Shibboleth möglich ist, wird ein sogenannter VPN-Client vorausgesetzt. Diese kostenlose Zusatzsoftware ermöglicht eine gesicherte Verbindung zwischen Ihrem PC und dem Datennetz der Universität. Die VPN-Software wird zumeist auf den Internetseiten Ihres Rechenzentrums zum Download angeboten.

4.2.3 Wissenschaftliche Aufsätze finden

4.2.3.1 FIS Bildung

Die online frei verfügbare Literaturdatenbank FIS Bildung ist eine der wichtigsten Referenzdatenbanken für bildungsrelevante Fachliteratur. Sie wendet sich vorrangig an die erziehungswissenschaftliche Forschung und Ausbildung, bedient aber auch in umfangreicher Weise die pädagogische Praxis (Schule, Sonderpädagogik usw.). Die FIS Bildung-Datenbank umfasst mehr als 791.500 Literaturnachweise (Stand: Oktober 2012) von Zeitschriften- und Sammelbandaufsätzen, Büchern, Rezensionen, grauer Literatur und Online-Ressourcen. Ihr Berichtszeitraum reicht bis in das Jahr 1980 zurück. Gegenwärtig werden über 430 Fachzeitschriften hauptsächlich aus dem deutschen Sprachraum ausgewertet. Im Jahr wächst die Datenbank um ungefähr 25.000 Einträge. Erstellt wird FIS Bildung von ca. 30 Dokumentationseinrichtungen aus Deutschland, der Schweiz und Österreich.

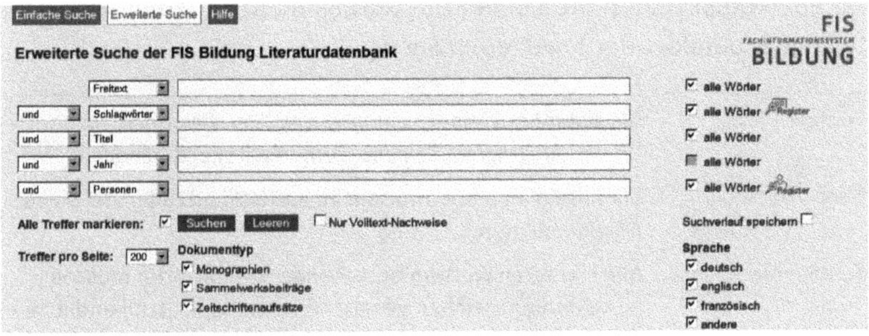

Abb. 15: Erweiterte Suche FIS Bildung

Sucheinstiege
Die FIS Bildung Literaturdatenbank bietet sowohl eine Einfache Suche als auch eine Erweiterte Suche an. Bei der Eingabe Ihrer Suchbegriffe sollten Sie folgende Punkte beachten:

- FIS Bildung sieht keine Unterscheidung zwischen **Groß-/Kleinschreibung** vor.

- **Umlaute** und **ß** werden automatisch aufgelöst (z. B. Bildungsförderung findet Bildungsförderung und Bildungsfoerderung).

- Bei der feldinternen Verknüpfung von Suchbegriffen gilt:
    - „alle Wörter" markiert: UND-Verknüpfung
    - keine Markierung: ODER-Verknüpfung

- **Platzhalter** können rechts, mittig oder links im Suchbegriff verwendet werden.
    - für **mehrere** Zeichen steht* (z. B. Vorschul* findet Vorschule, Vorschulbereich, Vorschulalter, vorschulische, vorschulischen, Vorschulkinder usw.)
    - für ein **einzelnes Zeichen** steht_ (z. B. Vorschule_ findet Vorschule und Vorschulen)
    - Aus mehreren Wörtern zusammengesetzte **Suchphrasen** müssen in „...." eingeschlossen werden (z. B. „frühkindliche Erziehung").

Im Folgenden finden Sie kurze Erläuterungen zur Nutzung der wichtigsten Suchfelder der *Erweiterten Suche*:

Freitext	Die Datenbankfelder *Schlagwörter, Titel, Personen, Institutionen, Abstract* und *Quelle* werden parallel durchsucht.
Titel	Sie führen eine Stichwortsuche im Titel und Untertitel eines Dokuments durch.
Schlagwörter	Aus mehreren Wörtern bestehende Schlagwörter müssen in Anführungszeichen gesetzt werden (Bsp.: „Frühkindliche Bildung").
	Nutzen Sie das Schlagwortregister, um nach geeigneten Schlagworten zu suchen. Durch Anklicken eines Begriffs im Schlagwortregister werden diese automatisch korrekt in das Suchformular übernommen.
	Für die Suche nach Sekundärliteratur zu wichtigen Pädagogen verwenden Sie Personenschlagwörter (z. B. „Klafki, Wolfgang").
Personen	Mit dem Suchfeld *Personen* können Sie eine Suche nach Autoren- und Herausgebernamen durchführen. Verwenden Sie bei der Eingabe von Personennamen Anführungszeichen („Nachname, Vorname" oder „Vorname Nachname"). Die korrekte Schreibweise eines Autors lässt sich im Personenregister überprüfen.
Update	Die Datensätze der FIS Bildung-Datenbank werden vierteljährlich aktualisiert. Mit Hilfe des Registers können Sie die jeweils neu hinzukommenden Literaturnachweise differenziert nach Jahr und Quartal aufrufen.

Trefferanzeige
Nach der Durchführung Ihrer Suche wird Ihnen die Trefferliste zunächst in einer Kurzliste angezeigt. Zur Vollanzeige gelangen Sie, indem Sie einzelne Treffer anklicken. Für über 50% der Literaturnachweise steht in der Vollanzeige ein Abstract bereit. Wenn Sie überprüfen möchten, wo und wie die Literatur erhältlich ist, klicken Sie unter dem Punkt *Quelle* auf *Verfügbarkeit*. Durch einen Klick auf den SFX-Button erhalten Sie Zugriff auf die Besitznachweise Ihrer Bibliothek. Wählen Sie hierfür in dem sich öffnenden Fenster *Suche im lokalen Katalog* aus. Falls die Publikation nicht in Ihrer Bibliothek vorhanden ist, können Sie diese im SFX-Fenster per Fernleihe bestellen. Für einige Einträge bietet FIS Bildung einen Direktlink zum Volltext an.

Suchhistorie Die Literaturdatenbank FIS Bildung verfügt über eine Suchhistorie. Um die Suchhistorie nutzen zu können, müssen Sie diese zunächst einmal aktivieren. Setzen Sie in der Suchmaske oberhalb der Sprachfilter ein Häkchen bei *Suchverlauf speichern*. In der Suchhistorie werden sämtliche in der aktuellen Recherchesitzung durchgeführten Suchanfragen abgespeichert. Die Liste der durchgeführten Suchen lässt sich über die Registerkarte *Suchverlauf* öffnen. Dank der Suchhistorie können Sie ältere Suchanfragen aufgreifen und mit neuen Begriffen kombinieren, um z. B. Treffermengen nachträglich einzuengen.

Ausgabe und Weiterverarbeitung der Suchergebnisse
In der FIS Bildung-Datenbank stehen Ihnen verschiedene Möglichkeiten zur Sicherung Ihrer Rechercheergebnisse offen. Am besten sammeln Sie zunächst alle relevanten Treffer in der *Merkliste*. Beachten Sie, dass die von Ihnen ausgewählten Treffer lediglich für die Dauer einer Recherchesitzung in der Merkliste gespeichert werden. Um Ihre Rechercheergebnisse dauerhaft zu sichern, können Sie Ihre Trefferliste entweder in ein Literaturverwaltungsprogramm exportieren oder aber sich per E-Mail zuschicken. Hierfür müssen Sie ein entsprechendes Ausgabeformat unterhalb der Treffermenge auswählen.

4.2.3.2 ERIC
Die Fachdatenbank ERIC (Educational Resources Information Center) enthält mehr als 1,4 Millionen Literaturnachweise mit Abstracts zu allen Bereichen der Pädagogik. Verzeichnet werden Zeitschriftenaufsätze, Monographien, Konferenzberichte, Dissertationen, aber auch Forschungsreports. Neben bibliographischen Angaben und Abstracts bietet die ERIC-Datenbank Zugang zu über 325.000 Volltexten. Ihr Berichtszeitraum reicht bis in das Jahr 1966 zurück. Die Datenbank wird wöchentlich aktualisiert und wächst im Jahr um ca. 40.000 Literaturnachweise. Insgesamt werden über 1.100 Fachzeitschriften und andere bildungsrelevante Materialien insbesondere aus dem anglo-amerikanischen Raum ausgewertet. ERIC stellt somit eine ideale Ergänzung zur hauptsächlich deutschsprachige Literatur nachweisenden FIS Bildung-Datenbank dar. Sie wird sowohl als online frei verfügbare als auch von ProQuest und EBSCO gehostete Version angeboten. Die weiteren Beschreibungen beziehen sich auf die online frei verfügbare Version.

Sucheinstiege
ERIC bietet Ihnen zwei Sucheinstiegsmöglichkeiten: eine *Basic Search* und eine *Advanced Search*. Die *Basic Search* verfügt über ein Drop-Down-Menü, in dem Sie zwischen den wichtigsten Suchfeldern der ERIC-Datenbank (*Keywords*, *Title*, *Author*, *Descriptors*, *Eric#*) auswählen können. Eine Verknüpfung von mehreren Suchfeldern ist hier nicht

möglich. Für komplexere Suchanfragen verwenden Sie die *Advanced Search*. Für beide Sucheinstiege gilt:

- Da ERIC überwiegend anglo-amerikanische Literatur verzeichnet, sollten Sie **englische Suchbegriffe** verwenden.
- ERIC sieht keine Unterscheidung zwischen **Groß-/Kleinschreibung** vor.
- Bei deutschen Suchbegriffen müssen Sie **Umlaute** und **ß** auflösen (z. B. Pädagogik in Padagogik oder Paedagogik).
- Feldinterne Verknüpfungen sind möglich:
  - Leerzeichen: UND-Verknüpfung
  - Komma: ODER-Verknüpfung
- **Platzhalter** lassen sich lediglich rechts und mittig im Suchbegriff verwenden. * steht für **mehrere** Zeichen (z. B. teach* findet teach, teacher, teaching, teachability usw.). Innerhalb einer Phrasensuche werden keine Platzhalter akzeptiert.
- Aus mehreren Wörtern zusammengesetzte **Suchphrasen** müssen in „..." eingeschlossen werden (z. B. „equal education"). Geben Sie die Wortfolge equal education ohne Anführungszeichen ein, führt ERIC automatisch eine UND-Suche durch. Es werden also alle Einträge angezeigt, in denen die Begriffe equal und education vorkommen.

Im Folgenden finden Sie einige kurze Erläuterungen zur Nutzung der wichtigsten Suchfelder in der Advanced Search:

Keywords	Alle Datenbankfelder werden parallel durchsucht.
Title	Sie führen eine Stichwortsuche im Titel und Untertitel eines Dokuments durch.
Author	Das Autorensuchfeld dient der Suche nach Autoren- und Herausgebernamen. Geben Sie den Autorennamen stets in der Reihenfolge *Nachname Vorname* ein und verwenden Sie Anführungszeichen, um exakte Treffer zu erzielen („*Nachname, Vorname*").
	Achtung: ERIC indexiert den Autorennamen genau in der Form, wie er in den bibliographischen Angaben des Ursprungstexts verwendet wurde. Einige (insbesondere englischsprachige) Veröffentlichungen nennen nur die Initialen der Verfasser. Möchten Sie aus der ERIC-Datenbank alle Publikationen eines Autors herausfischen, sollten Sie Ihre Suchanfrage wie folgt formulieren: „*Nachname, Vorname*" OR „*Nachname, Initial*".
Descriptor	Deskriptoren (Schlagwörter) dienen der inhaltlichen Beschreibung einer Publikation. Die Deskriptoren entstammen aus dem ERIC Thesaurus. Nutzen Sie den Thesaurus, um geeignete Deskriptoren für Ihre Suchanfrage zu finden. Sie können im Thesaurus direkt nach einem Begriff oder nach einer Phrase suchen oder aber Sie browsen durch Deskriptoren-Kategorien bzw. den alphabetischen Index.
	Falls Sie nicht fündig werden, starten Sie am besten mit einer Keyword-Suche. Wählen Sie einen zu Ihrem Thema passenden Treffer aus und verwenden Sie dessen Deskriptoren für die Formulierung weiterer Suchanfragen.

Trefferanzeige

In der Kurztitelliste werden Ihnen die wichtigsten bibliographischen Angaben, die verwendeten Deskriptoren sowie das Abstract angezeigt. Zur Volltextanzeige gelangen Sie durch einen Klick auf den Titellink. Für alle unmittelbar über die ERIC-Datenbank angebotenen Volltexte erscheint ein PDF-Symbol am unteren Rand des Eintrags. Ein großer Nachteil der online frei verfügbaren Version besteht darin, dass eine Verfügbarkeitsrecherche über den SFX-Server Ihrer Bibliothek aus ERIC heraus nicht möglich ist.

In der Trefferanzeige haben Sie die Möglichkeit, Ihre Ergebnisliste mit Hilfe von Eigenschaftskategorien (Facetten) nach *Autor, Deskriptor, Veröffentlichungszeitpunkt, Zielgruppe, Quelle, Bildungsstufe* und *Publikationsform* zu filtern. Zudem können Sie innerhalb Ihrer Treffermenge eine Anschlussrecherche durchführen, indem Sie weitere Suchkriterien festlegen. Wenn Sie bei einem Eintrag auf den Link *Show Related Items* klicken, erhalten Sie eine Liste ähnlich verschlagworteter

Publikationen. Leider fehlt der online frei verfügbaren ERIC-Datenbank eine Search-History.

Ausgabe und Weiterverarbeitung der Suchergebnisse
Ähnlich wie die FIS Bildung-Datenbank bietet auch ERIC die Möglichkeit, Rechercheergebnisse auszudrucken, per E-Mail zu verschicken oder in ein Literaturverwaltungsprogramm zu exportieren. Zugriff auf diese Ausgabe- und Weiterverarbeitungsfunktionen erhalten Sie in der Zwischenablage. Verschieben Sie zunächst alle Treffer, die Sie sichern möchten, durch einen Klick auf den Link *Added* in die Zwischenablage. Rufen Sie dann die Zwischenablage über *Clipboard* auf. Bitte beachten Sie, dass Ihnen die Einträge in der Zwischenablage lediglich für die Dauer Ihrer Recherchesitzung zur Verfügung stehen. Wer häufig mit ERIC recherchiert, sollte deshalb darüber nachdenken, sich kostenlos einen persönlichen Account anzulegen. Ihr persönlicher Account *My ERIC* bietet Ihnen die Möglichkeit, bis zu zehn Suchanfragen zu speichern und zu jedem beliebigen späteren Zeitpunkt erneut aufzurufen. Zudem können Sie Ihre Rechercheergebnisse in Ordnern thematisch sortieren. Wer ständig auf dem Laufenden gehalten werden möchte, legt sich einen RSS-Feed an. Dank des RSS-Feeds werden Sie automatisch benachrichtigt, sobald in ERIC neue Einträge zu Ihrer Suchanfrage verfügbar sind.

4.2.3.3 Referenzdatenbanken angrenzender Fachdisziplinen
Während Ihres Studiums werden Sie sich immer wieder mit Themenbereichen konfrontiert sehen, die an der Schnittstelle zwischen Pädagogik, Psychologie und Soziologie liegen. Je nach Thema, zu dem Sie Literatur suchen, kann es von daher durchaus sinnvoll sein, bibliographische Datenbanken angrenzender Fachdisziplinen zu berücksichtigen. Im Folgenden werde ich Ihnen die wichtigsten Fachdatenbanken der Psychologie und Soziologie in aller Kürze per Steckbrief vorstellen.

Psychologie

PSYNDEX

PSYNDEX ist eine kostenpflichtige Referenzdatenbank (keine Volltexte), die aus den Modulen *Literatur und AV-Medien* sowie *Tests* besteht. PSYNDEX Literatur und AV-Medien enthält Nachweise mit Abstracts von psychologischen Publikationen von Autoren aus den deutschsprachigen Ländern sowie audiovisueller Medien. Das Modul PSYNDEX Tests beinhaltet ausführliche Testbeschreibungen.

Name der Datenbank	PSYNDEX
Art der Datenbank	Referenzdatenbank
Produzent	Leibniz-Zentrum für Psychologische Information und Dokumentation (ZPID)
Datenbankanbieter	ZPID, EBSCO, Ovid, DIMDI, GBI
Sachgebiete	Psychologie, Psychiatrie, Medizin, Erziehungswissenschaft, Soziologie, Sportwissenschaft, Linguistik, Betriebswirtschaft und Kriminologie
Geogr. Abdeckung	Autoren aus deutschsprachigen Ländern
Berichtszeitraum	1977 ff. (Literatur und AV-Medien); 1945 ff. (Tests)
Update-Frequenz	unterschiedlich je nach Datenbankanbieter, von wöchentlich (ZPID) bis vierteljährlich (GBI)
Quellenbasis	über 200 Zeitschriften aus Deutschland, Österreich und der Schweiz; 400 Verlage mit psychologierelevanten Buchprogrammen; mehr als 100 Testanbieter
Umfang der Datenbank	200.000 Literaturnachweise; 6.000 Testnachweise
Zuwachs pro Jahr	8.000 Literaturnachweise p.a.; 150 Tests p.a.
Thesaurus	Thesaurus of Psychological Index Terms

PsycInfo

PsycINFO verzeichnet selbständige und unselbständige Literatur (Zeitschriftenaufsätze, Bücher, Buchkapitel, Buchbesprechungen, Monographien, Forschungsberichte, Fallstudien etc.) zur Psychologie vor allem aus dem anglo-amerikanischen Raum. Berücksichtigt werden Publikationen aus den Gebieten Psychiatrie, Soziologie, Erziehungswissenschaften, Anthropologie, Pharmakologie, Physiologie, Kriminologie und Linguistik, soweit sie für die Psychologie von Interesse sind.

Name der Datenbank	PsycINFO
Art der Datenbank	Referenzdatenbank
Produzent	American Psychological Association (APA)
Datenbankanbieter	EBSCO, ProQuest, Ovid und weitere
Sachgebiete	Psychologie, Medizin, Pädagogik, Soziologie
Geogr. Abdeckung	internationale (überwiegend englischsprachige) Literatur
Berichtszeitraum	1987 ff.
Update-Frequenz	wöchentlich
Quellenbasis	ca. 2.500 Fachzeitschriften
Umfang der Datenbank	über 3,3 Mio. Literaturnachweise
Zuwachs pro Jahr	60.000 Literaturnachweise
Thesaurus	Thesaurus of Psychological Index Terms

Soziologie

WISO

Das Gesamtangebot von WISO setzt sich aus einer Reihe von Datenbank-Modulen zusammen. In den Modulen können Sie unter anderem nach den folgenden Medienarten suchen: E-Books, Volltextartikel nationaler und internationaler Fachzeitschriften, Literaturnachweisen, Volltextartikel nationaler und internationaler Tages- und Wochenzeitschriften. Die WISO-Datenbanken sind die wichtigsten sozial- und wirtschaftswissenschaftlichen Nachweisinstrumente für Veröffentlichungen aus dem deutschen Sprachraum.

Name der Datenbank	WISO
Art der Datenbank	Referenzdatenbank, Volltextdatenbank, Faktendatenbank
Produzent	GBI-Genios Deutsche Wirtschaftsdatenbank
Datenbankanbieter	GBI
Sachgebiete	Soziologie, Wirtschaftswissenschaft, Politologie, Psychologie, Pädagogik
Geogr. Abdeckung	hauptsächlich Literatur aus dem deutschen Sprachraum
Berichtszeitraum	Schwerpunkt ab 1970ff.
Update-Frequenz	monatlich
Quellenbasis	Liste findet sich auf der Homepage
Umfang der Datenbank	12,7 Mio. Literaturnachweise; 5,8 Mio. Volltexte aus rund 340 Fachzeitschriften; 105 Mio. Artikel aus der Tages- und Wochenpresse
Zuwachs pro Jahr	keine Angaben
Thesaurus	Standard Thesaurus Wirtschaft; Thesaurus Sozialwissenschaften; Thesaurus Psychologie (entspricht: Psychological Index Terms)

Sociological Abstracts

Sociological Abstracts ist die wichtigste soziologische Fachdatenbank. Sie dokumentiert die internationale Fachliteratur der Soziologie sowie soziologisch relevante Publikationen aus benachbarten Fachdisziplinen. Nachgewiesen werden Zeitschriftenaufsätze, Kongressbeiträge und in Auswahl Monographien und Dissertationen vor allem aus dem anglo-amerikanischen Sprachraum.

Name der Datenbank	Sociological Abstracts
Art der Datenbank	Referenzdatenbank
Produzent	ProQuest
Datenbankanbieter	GBI
Sachgebiete	Soziologie, Politologie, Erziehungswissenschaft
Geogr. Abdeckung	internationale (überwiegend englischsprachige) Fachliteratur
Berichtszeitraum	1952ff.
Update-Frequenz	monatlich
Quellenbasis	über 1.800 Zeitschriften
Umfang der Datenbank	über 975.000 Literaturnachweise
Zuwachs pro Jahr	30.000 Literaturnachweise
Thesaurus	Sociological Abstracts Thesaurus

4.2.3.4 Wer zitiert wen? – Zitationsindizes

Bei Zitationsindizes handelt es sich um eine besondere Form der bibliographischen Datenbank. Wie der Name bereits vermuten lässt, sind Zitationsindizes Datenbanken, die über die bibliographischen Angaben wissenschaftlicher Publikationen hinaus auch deren Zitationen festhalten. Die Zitationen werden dabei in zwei Richtungen indexiert, also in die Datenbank aufgenommen.

Zum einen verzeichnet ein Zitationsindex die Literaturangaben einer Publikation. Anhand dieser Rückwärtsverkettung lässt sich nachvollziehen, auf welche Referenzen sich der Autor einer Publikation bezieht. Die Rückwärtsverkettung ist demnach nichts anderes als ein online zur Verfügung gestelltes Literaturverzeichnis. Sie lässt sich über den Suchbefehl *Cited References* abrufen.

Ein Zitationsindex beinhaltet zum anderen aber auch jene Zitationen, die eine Publikation von anderen Autoren erhält. Dank dieser Vorwärtsverkettung ist es möglich, nach Publikationen zu suchen, die ein bestimmtes Dokument zitieren. Eine prospektive Suche kann vor allem dann hilfreich sein, wenn Ihnen ein für Ihr Thema zentraler Aufsatz vorliegt und Sie wissen möchten, wie dieser von anderen Wissenschaftlern wahrgenommen und rezipiert wird. Mit der Suchfunktion *Times cited* erhalten Sie Zugriff auf alle den Aufsatz zitierenden Publikationen.

Zitationsindizes spannen komplexe Zitationsnetze auf, mit deren Hilfe sich nicht nur nachspüren lässt, wer wen zitiert bzw. wer von wem zitiert wurde. Es besteht auch die Möglichkeit, nach bibliographisch gekoppelten Publikationen zu suchen. Publikationen sind bibliographisch gekoppelt, sobald sie mindestens eine Referenz gemein-

Cited References

Times Cited

Related Records/ Articles

sam zitieren. Für bibliographisch gekoppelte Publikationen gilt: Je mehr Referenzen sie gemeinsam verwenden, umso wahrscheinlicher ist es, dass sie sich mit einem ähnlichen Thema oder Problem auseinandersetzen. Bibliographische gekoppelte Publikationen werden über den Suchbefehl *Related Records/Articles* angezeigt.

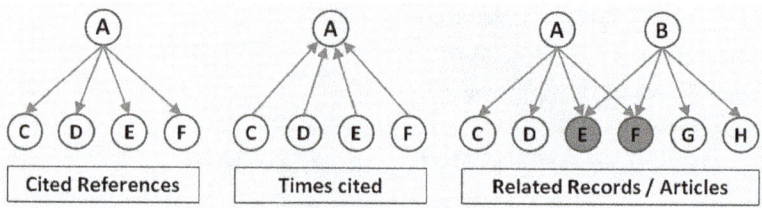

Abb. 16: Suchfunktionalitäten eines Zitationsindex

Cited References:
Text A zitiert die Texte C, D, E, F.

Times Cited:
Text A wird von den Texten C, D, E, F zitiert.

Related Records / Articles:
Text A zitiert die Texte C, D, E, F. Text B zitiert die Texte E, F, G, H. Die beiden Texte E, F werden also sowohl von Text A als auch von Text B zitiert.

Web of Science

Die älteste und vermutlich auch bekannteste Zitationsdatenbank ist das Web of Science. Genau genommen handelt es sich beim von Thomson Reuters herausgegebenen Web of Science um ein Portal, das Ihnen einen Zugriff auf mehrere multidisziplinäre Zitationsdatenbanken zugleich erlaubt: dem *Science Citation Index* (SCI), dem *Arts and Humanities Citation Index* (A&HCI), dem *Social Science Citation Index* (SSCI) und dem *Conference Proceeding Citation Index*. Während diese Zitationsindizes hauptsächlich Zeitschriften auswerten, bietet das Web of Science seit kurzem als zusätzliches Modul auch einen *Book Citation Index* (BKCI) an. Dieser Index befindet sich allerdings noch im Aufbau und umfasst derzeit lediglich 30.000 redaktionell ausgewählte Bücher ab dem Publikationsjahr 2005.

Der Zugang zu den Zitationsdatenbanken ist kostenpflichtig. Sie müssen also zunächst einmal prüfen, ob Ihre Bibliothek über eine entsprechende Lizenz verfügt. Beachten Sie dabei, dass die verschiedenen Zitationsdatenbanken des Web of Science durchaus auch einzeln lizenziert werden können. So kann es gut sein, dass Sie Zugang zum Science Citation Index haben, der Social Science Citation Index jedoch nicht von Ihrer Bibliothek angeboten wird.

Für die Zitationsdatenbanken des Web of Science werden mehr als 12.000 wissenschaftliche Zeitschriften aus über 250 Fachdisziplinen ausgewertet. Die Auswertung von pädagogischen Fachzeitschriften erfolgt im *Social Science Citation Index*. Auf der Homepage von Thomson Reuters haben Sie die Möglichkeit, sich eine genaue Liste der vom SSCI erfassten Zeitschriften anzuschauen. Allerdings lässt sich schnell feststellen, dass der Schwerpunkt des SSCI (wie auch vom Web of Science insgesamt) auf der Auswertung von Zeitschriften aus dem anglo-amerikanischen Raum liegt. Zwar werden einige wichtige deutschsprachige pädagogische Fachzeitschriften aufgeführt, so etwa die „Zeitschrift für Erziehungswissenschaft" oder „Zeitschrift für Pädagogik". Zeitschriften wie „Bildung und Erziehung" oder „Zeitschrift für Sozialpädagogik" sucht man dahingegen vergebens.

Im Jahr 2004 wurde vom Wissenschaftsverlag Elsevier mit dem Zitationsindex Scopus ein Konkurrenzprodukt zum Web of Science auf den Markt gebracht. Vom Produzenten selbst wird Scopus als „world's largest abstract and citation database of peer-reviewed literature" bezeichnet. Die Zitationsdatenbank wertet mehr als 18.500 Peer-Reviewed-Zeitschriften aus. Die Zeitschriften stammen aus den Bereichen Naturwissenschaft, Ingenieurwissenschaft, Medizin, Sozialwissenschaft und jüngst auch Kunst- und Geisteswissenschaft. Eine Liste der in Scopus enthaltenen Zeitschriften findet sich auf der Homepage.

Scopus

Im Unterschied zum Web of Science, in dem von Beginn an sämtliche Einträge mit einem Literaturverzeichnis angereichert wurden, weist Scopus Literaturverzeichnisse lediglich für seit 1996 veröffentlichte Publikationen nach. Ansonsten haben beide Datenbanken vieles gemeinsam. Sie bieten zu den bibliographischen Angaben kurze Abstracts wie auch die Suchfunktion *Times cited* (WoS) bzw. *Cited by* (Scopus). Zudem haben Sie die Möglichkeit, nach *Related Records* zu suchen, wobei die Related Records im Web of Science auf gemeinsamen Referenzen und in Scopus wahlweise auf Referenzen, Autoren und Stichwörtern basieren. Die Quote an Überschneidungen der von beiden Zitationsdatenbanken ausgewerteten Zeitschriften dürfte bei ungefähr 90% liegen. Erklärtes Ziel von Scopus ist es jedoch, im Vergleich zum Web of Science ein größeres Gewicht auf die Auswertung nicht-englischsprachiger Zeitschriften zu legen. Von den vier oben genannten Zeitschriften werden allerdings auch in Scopus lediglich die „Zeitschrift für Erziehungswissenschaft" und die „Zeitschrift für Pädagogik" ausgewertet.

Neben dem Web of Science und Scopus haben in den vergangen Jahren zahlreiche Anbieter von Referenzdatenbanken damit begonnen, die bibliographischen Einträge um Zitationen zu ergänzen. Das folgende Beispiel wurde aus der Fachdatenbank ERIC entnommen. Mit dem Suchbefehl *"Zitiert von"* erhalten Sie Zugriff auf 32 Publikationen, die sich auf den Titel *"Schooling in the Course of Human Lives"* beziehen. Durch einen Klick auf *"Literaturangabe / Kurzfassung"* werden Sie zum Abstract bzw. (falls vorhanden) zu den Literaturangaben weitergeleitet.

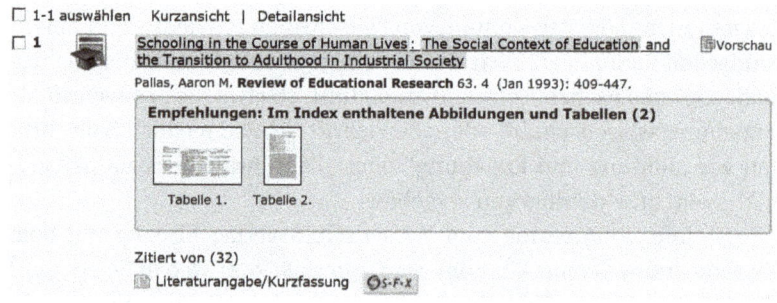

Abb. 17: Verlinkung von Literaturangaben in der Fachdatenbank ERIC (ProQuest)

4.2.4 Der schnelle Weg zum (digitalen) Volltext

4.2.4.1 Elektronische Zeitschriftenbibliothek(en)

Elektronische Zeitschriftenbibliothek (EZB)

Im Vergleich zu anderen Informationsquellen legen Referenzdatenbanken einen besonderen Schwerpunkt auf den bibliographischen Nachweis von Zeitschriftenaufsätzen. Während man sich noch vor einigen Jahren im Anschluss an die Recherche in die Bibliothek begeben musste, um die recherchierten Aufsätze aus den entsprechenden Zeitschriften zu kopieren, ermöglichen heute Linkresolver den direkten Zugang zum elektronischen Volltext. Denn viele Fachzeitschriften sind inzwischen nicht nur als Print-Version, sondern auch in elektronischer Form verfügbar. Wenn Sie sich einen Überblick über die von Ihrer Bibliothek abonnierten E-Journals verschaffen möchten, nutzen Sie am besten die Elektronische Zeitschriftenbibliothek. Die Elektronische Zeitschriftenbibliothek (EZB) ist ein kooperativer Service von derzeit 585 Bibliotheken und Forschungseinrichtungen überwiegend aus Deutschland, Österreich und der Schweiz. Ihre Aufgabe ist es, die elektronischen Zeitschriften aller beteiligten Institutionen vollständig nachzuweisen. Momentan umfasst die EZB 64.496 Titel (Stand: Oktober 2012) aus den verschiedensten Fachdisziplinen.

Greifen Sie über Ihre Bibliothekshomepage auf die EZB zu, bekommen Sie automatisch alle abonnierten sowie alle frei zugänglichen E-Journals in den Blick. Wahlweise können Sie über die Funktion „Einstellungen" auch den Gesamtbestand sämtlicher in der EZB nachgewiesenen E-Journals einsehen. Die Zeitschriften lassen sich alphabetisch oder nach einzelnen Fächern sortieren. In der erweiterten Suche haben Sie zudem die Möglichkeit, nach formalen Kriterien (Titel, Verlag, ISSN etc.) und inhaltlichen Kriterien (Schlagwörtern) zu suchen. Wenn Sie z.B. das Schlagwort „Sozialpädagogik" verwenden, wirft Ihnen die EZB als Trefferliste alle Zeitschriften mit dem Themenschwerpunkt Sozialpädagogik aus.

Bitte beachten Sie, dass Sie in der EZB lediglich nach den Titeldaten der Zeitschriften, nicht aber nach den Zeitschrifteninhalten, also nach einzelnen Aufsätzen suchen können.

Die Trefferliste der EZB zeigt Ihnen mit Hilfe eines Ampelsystems an, ob eine Zeitschrift frei im Internet verfügbar ist (grün), ob für eine Zeitschrift von Ihrer Bibliothek eine Lizenz erworben wurde (gelb) oder ob die Zeitschrift nicht frei zugänglich ist (rot). Im letzteren Fall haben Sie lediglich Zugriff auf die Webseite der Zeitschrift und in der Regel auf die Titeldaten bzw. Abstracts der Aufsätze. Bei Zeitschriften, die mit einer gelb-roten Ampel gekennzeichnet sind, verfügt Ihre Bibliothek über keine fortlaufende Lizenz, d.h., Sie können nur auf einen Teil der erschienen Jahrgänge im Volltext zugreifen.

Im Gegensatz zur EZB werden im *Directory of Open Access Journals* (DOAJ) ausschließlich kostenfrei zugängliche Zeitschriften verzeichnet. Das DOAJ fühlt sich der Open-Access-Bewegung verpflichtet. Ziel dieser Bewegung ist es, wissenschaftliche Literatur und wissenschaftliche Materialien für alle Nutzer frei im Internet zugänglich zu machen. Um die Qualität des Verzeichnisses zu gewährleisten, werden nur Zeit-

DOAJ

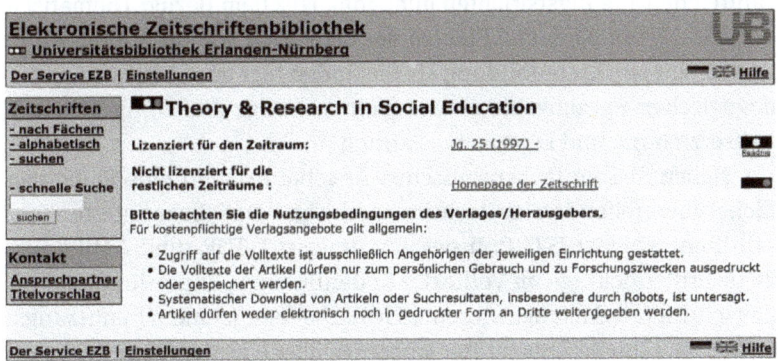

Abb. 18: Anzeige der Zugriffsmöglichkeiten in der EZB-Vollansicht

schriften aufgenommen, die über ein Peer-Review-Verfahren oder eine redaktionelle Qualitätskontrolle verfügen. Im DOAJ haben Sie Zugriff auf rund 8.250 elektronische Zeitschriften (Stand: Oktober 2012) aus allen Wissenschaftsbereichen. Alleine 547 Zeitschriften werden dabei den Erziehungswissenschaften zugeordnet. Anders als in der EZB besteht bei ca. der Hälfte der E-Journals die Möglichkeit, nach Aufsatztiteln zu suchen. Insgesamt sind rund 900.000 Aufsätze indiziert.

Education Research Global Observatory

Ein Open-Access-Verzeichnis mit ausschließlich erziehungswissenschaftlichen Zeitschriften bietet das *Education Research Global Observatory* (ERGO). Auch in ERGO werden ausschließlich frei zugängliche peer-reviewed-Zeitschriften nachgewiesen.

4.2.4.2 Volltextdatenbanken und Zeitschriftenarchive

Als Volltextdatenbanken und Zeitschriftenarchive bezeichnet man Verzeichnisse, die neben den bibliographischen Daten der Aufsätze auch deren Volltexte enthalten. In vielen Fällen ermöglichen sie nicht nur einen direkten Zugriff auf die gewünschten Texte, sondern zudem eine Volltextsuche, also eine Recherche nach Stichwörtern innerhalb der Volltexte. Eine Volltextsuche kann insbesondere dann sehr hilfreich sein, wenn Sie sich darüber informieren möchten, wie Fachbegriffe verwendet und diskutiert werden. Da Volltextdatenbanken und Zeitschriftenarchive zumeist kostenpflichtig sind, stehen sie nicht an allen Bibliotheken im gleichen Umfang zur Verfügung. Einen Überblick über das Angebot Ihrer Bibliothek bietet Ihnen DBIS.

Education Research Complete

Die von EBSCO angebotene Datenbank *Education Research Complete* ist die weltweit größte erziehungswissenschaftliche Volltextdatenbank. Die Datenbank wertet über 2.400 Zeitschriften aus. Davon werden mehr als 1.400 Zeitschriften als Volltexte bereitgestellt. Zudem enthalten sind Volltextversionen von 552 Monographien sowie von zahlreichen Tagungsberichten mit pädagogischem Bezug. Thematisch deckt die Datenbank alle Ebenen der Erziehung von der frühen Kindheit bis zur Hochschulbildung ab. Sie finden hier auch Literatur zu pädagogischen Spezialgebieten wie mehrsprachige Erziehung, Gesundheitserziehung und Lehrplangestaltung.

JSTOR

Neben diesem fachspezifischen Angebot existiert eine Reihe von fächerübergreifenden Zeitschriftenarchiven. Das bekannteste Zeitschriftenarchiv ist *JSTOR*. Insgesamt umfasst JSTOR rund 7 Millionen Zeitschriftenbeiträge im Volltext. Für denBereich „Education" sind 141 Zeitschriftentitel nachgewiesen. JSTORarbeitet mit einem Benutzungsverbot für aktuelle Zeitschriftenjahrgänge über eine definierte Zeitspanne, der sogenannten *Moving Wall*. Bei einer Moving Wall von 5 Jahren wird im Jahr 2012 der Jahrgang 2007, im Jahr 2013 der Jahrgang 2008 in die Datenbank aufgenommen. Die Moving Wall ist nicht für alle Zeitschriften einheitlich geregelt.Besonders hervorzuheben sind die vielfältigen Suchmöglichkeiten (u.a. in Volltexten und Zitaten) sowie die Möglichkeiten der Sucheingrenzung (Drill-Down).

Wie JSTOR arbeitet auch das deutsche Zeitschriftenarchiv *DigiZeitschriften*, das von 15 deutschen Bibliotheken gemeinsam erarbeitet wird, nach dem Prinzip der Moving Wall. Zwar ist das Gesamtangebot von DigiZeitschriften wesentlich kleiner als das des amerikanischen Pendants, allerdings enthält das Zeitschriftenarchiv acht deutschsprachige pädagogische Zeitschriften (236 Bände), u.a. „Erziehung und Bildung" und „Zeitschrift für Sozialisationsforschung und Erziehungssoziologie".

DigiZeitschriften

Ein weiteres Zeitschriftenarchiv im Bereich der Geistes- und Sozialwissenschaften ist das *Periodicals Archive Online* (PAO). Es umfasst ca. 5,5 Millionen Beiträge aus mehr als 600 Fachzeitschriften.

Periodicals Archive Online

4.2.4.3 Zeitungsarchive

Bei der Bearbeitung zeithistorischer Fragestellungen kann es hilfreich sein, nach Zeitungsartikeln zu recherchieren, in denen z.B. bildungspolitische Themen und Entscheidungen diskutiert werden. Um an solche Zeitdokumente heranzukommen, stehen Ihnen als Informationsquellen Presse- und Zeitungsarchive offen. Einige Presse- und Zeitungsarchive können Sie kostenlos nutzen. Kostenfrei abrufen lassen sich jedoch zumeist nur jene Artikel, die in der Online-Ausgabe einer Zeitschrift erschienen sind. Bevor Sie bei Ihrer Suche nach Zeitungsartikeln ein Zeitungsarchiv nach dem anderen im Netz abklappern, sollten Sie die Dienste von speziellen News-Suchmaschinen in Anspruch nehmen. Die gängigsten Suchmaschinen für die nationale und internationale Presse sind *Google News*, *Paperball*, *WorldNews*. Denken Sie aber daran, dass Sie mit Hilfe dieser Suchmaschinen lediglich auf frei verfügbare Archive zugreifen können. Die meisten Archive sind jedoch kostenpflichtig oder werden ausschließlich von kommerziellen Anbietern wie *WISO*, *PressDisplay* und *LexisNexis* vertrieben. Letztendlich werden von diesen Datenbanken alle großen Zeitungen und Magazine archiviert. Ein großes Plus der kommerziellen Zeitungsarchive besteht zudem darin, dass die Artikel direkt als Volltexte abrufbar sind. Als Sucheinstiegsmöglichkeiten steht Ihnen eine Stichwortsuche in den Überschriften und in den meisten Fällen auch im Volltext zur Verfügung.

News-Suchmaschinen

Für die gezielte Suche nach Presseartikeln, die sich mit Themen wie Schule, Berufliche Bildung, Weiterbildung beschäftigen, bietet sich die Datenbank *Zeitungsdokumentation Bildungswesen* an. Die vom Deutschen Institut für Internationale Pädagogische Forschung (DIPF)

Zeitungsdokumentation Bildungswesen

erstellte Datenbank weist bildungsrelevante Artikel aus 39 in- und ausländischen Zeitungen und Newsletter nach. Ausgewertet werden sowohl Tageszeitungen (z.B. Frankfurter Allgemeine Zeitung, Frankfurter Rundschau, Süddeutsche Zeitung und Le Monde) als auch Wochenzeitungen (z.B. Spiegel, Die Zeit, Focus). Die Datenbank umfasst derzeit über 173.500 Artikel (Stand: Oktober 2012). Alle Artikel sind inhaltlich mit Schlagwörtern erschlossen. Im Gegensatz zu den oben genannten kommerziellen Anbietern liegen die Artikel nicht als Volltexte vor, sondern müssen als Kopien online bestellt werden. Natürlich können Sie auch zuerst in der *Zeitungsdokumentation Bildungswesen* recherchieren und anschließend nach dem Volltext in den Zeitungsarchiven der Datenbanken WISO, PressDisplay und LexisNexis suchen. Prüfen Sie hierfür in DBIS, ob Ihre Bibliothek entsprechende Lizenzen erworben hat.

4.2.5 Fakten, Fakten, Fakten

Bisher haben wir uns ausschließlich mit Recherchewerkzeugen beschäftigt, mit denen Sie gezielt nach (Fach-)Literatur suchen können. Die kritische Auseinandersetzung mit bereits von anderen Wissenschaftlern publizierten Theorien und Hypothesen bildet selbstverständlich die Basis einer jeden wissenschaftlichen Arbeit. Abhängig von der Forschungsfrage, auf die man eine Antwort zu geben versucht, kann es aber auch notwendig sein, die eigene Argumentation mit empirischen Daten zu unterfüttern.

Grundsätzlich lassen sich zwei Herangehensweisen an eine Forschungsfrage unterscheiden: die *theoretische Arbeit* und die *empirische Arbeit*. Die theoretische Arbeit setzt sich zur Aufgabe, mit Hilfe einschlägiger Fachliteratur Theorien darzustellen, miteinander zu vergleichen und auch kritisch zu bewerten. Bei einer empirischen Arbeit dahingegen gilt es, über die Diskussion der Fachliteratur hinaus Daten mittels Umfragen, Interviews und Experimenten zu erheben, auszuwerten und zu interpretieren. Im Rahmen von Seminararbeiten sind empirische Arbeiten, bei denen Studierende selbst die Daten erheben und auswerten müssen, kaum zu bewerkstelligen. Zum einen fehlen oftmals die Kenntnisse empirischer Methoden. Zum anderen ist die Datensammlung und Auswertung enorm zeitintensiv. Zeit aber ist etwas, was viele Studierende nicht mehr haben. Im Umkehrschluss heißt dies jedoch nicht, dass Sie bei der Bearbeitung Ihrer Forschungsfrage gänzlich auf empirische Daten verzichten müssen. Denn glücklicherweise gibt es zahlreiche Informationsquellen, die Ihnen Primär- bzw.

Sekundärdaten liefern und diese teilweise auch auswerten und interpretieren. Im Folgenden möchte ich Ihnen einige Anbieter kurz vorstellen.

Amtliche Statistiken und allgemeine Statistik-Portale

Über das Internetportal *Destatis* können Sie auf amtliche Statistiken des Statistischen Bundesamts zugreifen. Das Portal bietet Ihnen zwei unterschiedliche Dienste an: einen Publikationsservice und die Datenbank Genesis-Online. Der Publikationsservice ermöglicht Ihnen einen kostenfreien Zugang zum gesamten Veröffentlichungsprogramm des Statistischen Bundesamts (alle Fachserien und Statistischen Jahrbücher). Über die Datenbank Genesis-Online (***G**emeinsames **N**eues Statistisches **I**nformations-**S**ystem*) haben Sie Zugriff auf das Datenmaterial der Statistischen Ämter des Bundes und der Länder. Als Recherchezugänge stehen Ihnen eine Stichwortsuche und eine hierarchische Suche nach Themen bzw. Sachgebieten (z.B. Bevölkerung, Arbeitsmarkt, Bildung und Kultur) zur Verfügung. Der Datenabruf kann variabel auf den individuellen Bedarf zugeschnitten werden, indem Sie verschiedene Ausprägungen von Merkmalen (z.B. die Einbürgerungen von Ausländern differenziert nach Zeitraum und Familienstand) selbst auswählen. Die auf dem Bildschirm angezeigte Ergebnistabelle lässt sich in den Ausgabeformaten HTML, CSV und Excel auf den eigenen PC abspeichern.

Eurostat ist das statistische Amt der Europäischen Union. Es sammelt und analysiert Daten, die von den nationalen Statistischen Ämtern erhoben und zur Verfügung gestellt wurden. Ziel von Eurostat ist es, sowohl die EU-Entscheidungsgremien als auch die nationalen Administrationen und Öffentlichkeit über statistisch erfassbare Sachverhalte in den EU-Mitgliedstaaten zu informieren. Hier finden Sie Publikationen und Statistiken zu Themen wie Wirtschaft, Finanzen, Bevölkerung, Soziales, Landwirtschaft, Außenhandel, Verkehr, Umwelt und Wissenschaft. Eine kostenfreie Registrierung ermöglicht Ihnen die Nutzung verschiedener Download-Optionen (EVA Java, HTML, Datei im tsv Format, 200000 anstelle von 10000 Datenzellen) sowie das Speichern von Datentabellen in Ihrem persönlichen Profil.

Das Statistik-Portal *Statista* erlaubt Ihnen, über eine einzige Suchoberfläche in gebündelter Form auf statistische Daten unterschiedlicher Markt- und Meinungsforschungsinstitute, Verbände, Unternehmen, staatlichen Institutionen und Fachmedien zuzugreifen. Sie finden hier Fakten zu über 60.000 Themen aus mehr als 10.000 verschiedenen Quellen. Ursprünglich als kostenloser, werbefinanzierter Dienstleister gestartet, bietet Statista inzwischen nur noch für 10% der beinhalteten Daten einen freien Zugang an. Auf die Premium-Inhalte können Sie nur zugreifen, wenn Sie über eine kostenpflichtige Mitgliedschaft verfügen oder aber Ihre Universitätsbibliothek eine entsprechende Campuslizenz abgeschlossen hat. Zur jeder Statistik werden Metadaten wie Quelle, Veröffentlichungsdatum, Anzahl der Befragten usw. veröffentlicht. Die Statistiken können Sie als PowerPoint-, Excel- oder JPG-Datei herunterladen.

Statistiken im Bildungsbereich

Das Informationsnetz *Eurydice* (Network on Education Systems and Policies in Europe) wurde 1980 von der Europäischen Kommission und den EU-Mitgliedstaaten eingerichtet. Ziel des Netzwerks ist es, durch ein besseres Verständnis der europäischen Bildungssysteme und -politiken die Zusammenarbeit zu erleichtern. Eurydice sammelt, aktualisiert und untersucht allgemeine Daten über nationale Bildungssysteme in Europa von der Vorschulerziehung bis zur Erwachsenenbildung. Im Dienste der bildungspolitischen Verantwortlichen erstellt und publiziert Eurydice regelmäßig Analysen zum Aufbau der Bildungssysteme und zu anderen bildungspolitisch relevanten Themen. Die Eurydice-Publikationen können als Volltexte kostenlos genutzt werden. Darüber hinaus bietet Eurydice mit *Eurypedia* (European Encyclopedia on National Education Systems) eine Datenbank über die Bildungssysteme in Europa an. Derzeit beteiligen sich 38 Länder bzw. Regionen Europas an der Datenbank.

OECD iLibrary ist ein Online-Angebot der Organization for Economic Cooperation and Development (OECD). Sie bietet einen Zugang zu allen Studien (seit 1998) und Statistiken (seit 1960) der OECD. Die Analysen und Empfehlungen der OECD beschäftigen sich mit nahezu allen Themenbereichen, die für Regierungen in einer globalisierten Welt von Bedeutung sind. Die Themen reichen von allgemeinen Wirtschafts- und Arbeitsmarktfragen über Sozial- und Bildungsfragen bis hin zu Umweltfragen. Nutzer der OECD iLibrary können durch 17 unterschiedliche thematische Sammlungen browsen und nach einzelnen Buchkapiteln, Büchern, aber auch Tabellen und Datenbanken suchen. In der Sektion „Education" finden Sie Online-Publikationen, E-Books und Statistiken zu allen Bereichen des Bildungswesens der OECD-Staaten: Bildungsökonomie, Bildungspolitik, Bildungsforschung, Alphabetisierung, Erwachsenenbildung einzelner Länder und OECD insgesamt. Besonders interessant sind der jährlich erscheinende Bericht „Bildung auf einen Blick", der grundlegende Daten zu den Bildungssystemen der OECD-Ländern beinhaltet, sowie die Veröffentlichungen zur PISA-Studie. Die Recherche in der OECD iLibrary ist kostenfrei, der Zugang zu den Volltexten ist bis auf einige Ausnahmen kostenpflichtig. Prüfen Sie, ob Ihnen Ihre Bibliothek einen unbeschränkten Zugang zur OECD iLibrary ermöglicht.

Weitere Links zu Statistiken aus dem Bildungsbereich finden Sie auf den Webseiten des *Bildungsservers*. Geben Sie hierfür in der Erweiterten Suche einfach das Schlagwort „Statistik" ein. Sie erhalten auf diese Weise Zugriff auf Schul-, Hochschul- und Weiterbildungsstatistiken, auf Statistiken zur Sozialen Arbeit und zum Thema Gender etc. Genauere Informationen zum Bildungsserver finden Sie im Kapitel 4.4 *Internet für Pädagogen*.

4.3 Die Alleskönner? – Wissenschaftliche Suchmaschinen

Vor nicht allzu langer Zeit versetzte ein Newcomer den Markt wissenschaftlicher Rechercheinstrumente in helle Aufregung. Seitdem sehen sich in der Wissenschaft etablierte Rechercheinstrumente wie Kataloge und Fachdatenbanken mit einem Konkurrenten konfrontiert, der von Beginn an angetreten war, um die Potentiale des Internets im vollen Maße auszuschöpfen und die Recherche nach wissenschaftlichen Informationen zu revolutionieren. Die Rede ist von der wissenschaftlichen Suchmaschine. Im Gegensatz zu Katalogen und Fachdatenbanken, deren Ursprünge im Prä-Internet-Zeitalter liegen, ist die wissenschaftliche Suchmaschine ein Kind des Internets. Sie baut auf den Suchtechnologien allgemeiner Suchmaschinen auf. Doch anders als diese erschließt sie nicht alle Arten von Webinhalten, sondern legt ihren Fokus speziell auf das Auffinden wissenschaftlich relevanter Informationen.

Und tatsächlich: Wissenschaftliche Suchmaschinen erfreuen sich bei Studierenden wie auch bei Wissenschaftlern einer wachsenden Beliebtheit. Hierfür dürften im Wesentlichen drei Gründe maßgeblich sein: Wissenschaftliche Suchmaschinen sind *erstens* wesentlich einfacher und intuitiver als Kataloge oder Fachdatenbanken zu bedienen. In der Regel führen sie *zweitens* zu einem schnellen Sucherfolg und verzeihen auch schon mal den einen oder anderen „Recherchefehler". Mit etwas Glück bieten sie *drittens* einen Link zum elektronischen Volltext an. Ein mühsames Bestellen und Kopieren der gefundenen Treffer entfällt somit. Die etablierten Rechercheinstrumente haben unlängst, wie wir bereits oben gesehen haben, auf diese Vorzüge wissenschaftlicher Suchmaschinen reagiert und damit begonnen, Innovationen des Konkurrenten für die eigenen Suchfunktionalitäten fruchtbar zu machen.

Auf den nächsten Seiten möchte ich Ihnen zwei wissenschaftliche Suchmaschinen vorstellen, die im besonderen Maße für Furore auf dem Markt wissenschaftlicherРанrchercheinstrumente gesorgt haben: *Google Scholar*, die vermutlich bekannteste und am häufigsten genutzte wissenschaftliche Suchmaschine, und *BASE*. Neben Google Scholar und BASE gibt es noch eine Reihe weiterer wissenschaftlicher Suchmaschinen: multidisziplinär ausgerichtete Suchmaschinen wie z. B. Scirus, Scientific Commons oder OAIster, aber auch fachspezifische Suchmaschinen wie z. B. CiteSeerX (Informatik und Informationswissenschaft) und SearchMedica (Medizin). Wer sich einen Überblick über die Vielfalt wissenschaftlicher Suchmaschinen verschaffen möchte, sollte im Internet einen Blick auf das Suchmaschinenverzeichnis *LLEK Bookmarks* werfen. Leider wird das Suchmaschinenverzeichnis seit Dezember 2009 nicht weiter gepflegt.

Google Scholar

Google kennt und nutzt (fast) jeder! Aber worin unterscheidet sich die Suchmaschine Google von der Suchmaschine Google Scholar? Google Scholar ist eine vom Unternehmen Google entwickelte wissenschaftliche Suchmaschine, die im Jahr 2004 zunächst im Beta-Stadium online ging. Inzwischen hat sie ihren Beta-Status abgelegt. Anders als ihr großer Bruder dient Google Scholar ausschließlich der Recherche nach wissenschaftlichen Publikationen. Laut Auskunft von Google fragen die Suchroutinen von Google Scholar nur „wissenschaftliche" Quellen wie akademische Verlage, Berufsverbände, Universitäten und andere Bildungseinrichtungen ab. Auf diese Weise soll die wissenschaftliche Relevanz der erzielten Treffer gewährleistet werden. Leider ist Google jedoch nicht bereit, eine genaue Auskunft über die in Google Scholar indexierten Datenbestände zu geben. Falls Sie für Ihre Abschlussarbeit eine vollständige, möglichst alle relevanten Informationsquellen umfassende Recherche planen, ist es deshalb nicht ratsam, sich einzig und alleine auf Google Scholar zu verlassen. Denn letztendlich können Sie nicht wissen, ob Ihnen nicht die eine oder andere wichtige Quelle bei Ihrer Recherche durch die Lappen geht. Unklar bleibt auch, wie oft der Datenbestand aktualisiert wird. Gerade wer nach brandaktueller Literatur sucht, muss bei einer Recherche mit Google Scholar mit der Ungewissheit einer eventuell inaktuellen Datenbank leben.

Gleichwohl versteht sich Google Scholar als eine All-in-one-Lösung für die wissenschaftliche Literaturrecherche. Und tatsächlich ist die Bandbreite der Publikationsformen, die sich dank Google Scholar finden lassen, enorm. Sie reicht von Seminararbeiten bis hin zu Dissertationen, von Zeitschriftenaufsätzen bis hin zu Monographien, von

Open-Access Publikationen bis hin zu kostenpflichtigen Dokumenten, die sich lediglich mit Zugangskennungen öffnen lassen. Auch werden sämtliche Fachdisziplinen von der Pädagogik bis hin zur Medizin bedient. Und genau in dieser interdisziplinären Ausrichtung liegt eine besondere Stärke vieler wissenschaftlicher Suchmaschinen. Während sich bibliographische Datenbanken weitestgehend auf den Nachweis fachspezifischer Publikationen konzentrieren, eignen sich wissenschaftliche Suchmaschinen wie Google Scholar hervorragend für eine fächerübergreifende Recherche.

Bei der Gestaltung der Suchoberfläche orientiert sich Google Scholar weitestgehend am Erfolgsrezept von Google. So fühlt man sich als Google-Nutzer auch gleich heimisch. Denn Google Scholar sieht nicht nur aus wie Google, sondern funktioniert auch wie Google. Während der Sucheinstieg bei Katalogen und Fachdatenbanken zumeist über eine Erweiterte Suche erfolgt, begrüßt Sie Google Scholar mit einem einzigen Suchschlitz. Halte den Sucheinstieg einfach und überschaubar, heißt offenbar die Devise! Wer auf die Erweiterte Suche nicht verzichten möchte, kann diese im Pull-Down-Menü des Suchschlitzes aufrufen. Die Erweiterte Suche bietet Ihnen die Möglichkeit, Suchbegriffe mit den bekannten Booleschen Operatoren zu verknüpfen.

- *Mit allen Wörtern* steht für UND
- *Mit der genauen Wortgruppe* steht für Phrasensuche
- *Mit irgendeinem der Wörter* steht für ODER
- *Ohne die Wörter* steht für NICHT

In der Erweiterten Suche können Sie aber nicht nur Ihre Suchbegriffe miteinander verknüpfen, sondern auch nach Veröffentlichungen eines Autors suchen oder Ihre Treffermenge auf ein Publikationsorgan (z.B. eine Zeitschrift) und einen Publikationszeitraum einschränken. Im Gegensatz zur Recherche in Bibliothekskatalogen und Fachdatenbanken ist eine Verknüpfung der verschiedenen Suchfelder miteinander jedoch nicht möglich. Komplexere Suchanfragen lassen sich in der Erweiterten Suche somit nicht formulieren. Was aber wesentlich schwerer wiegt, ist das Fehlen eines Suchfeldes für die thematische Suche mit Schlagwörtern. Und genau in diesem Fehlen einer Schlagwortsuche liegt das größte Manko von Google Scholar. Wer mit Google Scholar recherchiert, sollte sich der diversen Probleme, die mit einer Stichwortsuche verbunden sind, stets bewusst sein. Aus meiner Sicht kann Google Scholar deshalb auch nicht die Recherche in Bibliothekskatalogen und Fachdatenbanken vollständig ersetzen, sondern allenfalls ergänzen.

Erweiterte Suche

Nachdem Sie die Suchbegriffe eingegeben und die Suche durchgeführt haben, bekommen Sie in der Trefferliste bibliographische Angaben und mit etwas Glück auch Links zu Volltexten bzw. zu Homepages angezeigt, von denen die Texte heruntergeladen werden können. Bitte beachten Sie dabei, dass das Herunterladen kostenpflichtiger Publikationen nur möglich ist, wenn Ihre Bibliothek eine entsprechende Lizenz abgeschlossen hat und Sie sich bei der Recherche im Campusnetz bewegen.

Ranking

Die Kriterien, nach denen das Ranking der Trefferliste erfolgt, bleiben leider undurchsichtig. Laut Google werden die Suchergebnisse nach Relevanz sortiert. Dabei sollen die nützlichsten Treffer ganz oben auf der Liste erscheinen. In das Ranking-Verfahren fließen der Text eines Artikels, der Autor, die Wichtigkeit des Publikationsorgans und die Anzahl der Zitierungen ein. Über die exakte Gewichtung der einzelnen Faktoren schweigt sich Google allerdings aus. Schaut man sich die Trefferliste etwas genauer an, so fällt auf, dass die Zitationshäufigkeit ein entscheidendes Relevanzkriterium darzustellen scheint. Je mehr Zitationen ein Dokument erhält, umso weiter oben ist es in der Trefferliste angesiedelt. Dies führt dazu, dass nicht immer die aktuellsten Dokumente auf den ersten Seiten der Trefferliste angezeigt werden. Sie können allerdings in der linken Spalte Ihre Trefferliste nach Publikationsjahr filtern.

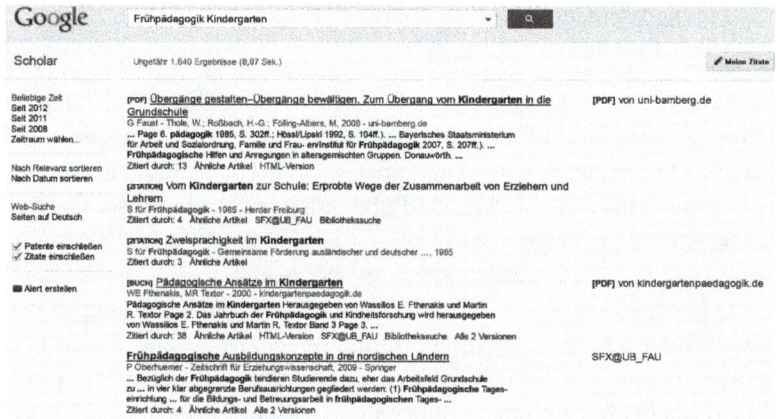

Abb. 19: Trefferanzeige Google Scholar

In der Trefferanzeige bietet Ihnen Google Scholar noch weitere wichtige Such- und Verwaltungsfunktionalitäten an:

- *Zitiert durch:* Diese Funktion kennen Sie bereits aus den Zitationsdatenbanken Web of Science und Scopus. Mit einem Klick auf den Link werden Dokumente aus dem Index von Google Scholar angezeigt, die den Treffer zitieren.
- *Ähnliche Artikel:* Google Scholar generiert für jeden Suchtreffer eine Liste mit verwandten Artikeln. Worauf diese Verwandtschaft genau beruht, wird von Google allerdings nicht weiter erläutert.
- *Alle...Versionen:* Diese Funktion zeigt Ihnen alle Versionen an, die Google Scholar von einem Text im Netz aufspürt. Ein und derselbe Text kann durchaus auf unterschiedlichen Servern angeboten werden. Mit etwas Glück finden Sie eine zugangsfreie Version, die Sie kostenlos herunterladen können.
- *Bibliotheks-Links:* Der Bibliotheks-Link (im Screenshot dargestellt als SFX@UB_FAU) bietet Ihnen eine einfache und komfortable Möglichkeit, die Verfügbarkeit von Suchtreffern in Ihrer Bibliothek zu überprüfen – ein wirklich sehr nützliches Feature. Um das Feature nutzen zu können, müssen Sie zunächst in den Voreinstellungen von Google Scholar unter Bibliotheks-Links nach Ihrer Bibliothek suchen und Ihre Auswahl abspeichern. Wundern Sie sich nicht, wenn Sie Ihre Bibliothek nicht finden können. Denn damit Bibliotheks-Links überhaupt generiert werden können, müssen Bibliotheken Google ihre lokalen Bestandsdaten bereitstellen. Nicht alle Bibliotheken haben sich bisher zu diesem Schritt entschlossen. Besteht eine Kooperation zwischen Google und Ihrer Bibliothek, gelangen Sie mit einem Klick auf den Link rechts neben dem Treffer zum elektronischen Volltext. Denken Sie daran, dass Sie den Volltext nur abrufen können, wenn Sie sich mit Ihrem PC im Campusnetz befinden. Handelt es sich um einen Treffer, der als gedruckte Veröffentlichung vorliegt, erscheint der Bibliotheks-Link unterhalb der Trefferanzeige.
- *In EndNote importieren:* Mit Google Scholar können Sie die bibliographischen Angaben Ihrer Treffer in ein Literaturverwaltungsprogramm importieren. Hierfür müssen Sie zunächst in den Scholar-Einstellungen unter Suchergebnisse Ihr Literaturverwaltungsprogramm bzw. das gewünschte Importformat auswählen. Der entsprechende Link (in unserem Screenshot-Beispiel: *In EndNote importieren*) erscheint daraufhin unterhalb der Trefferanzeige. Leider werden die bibliographischen Angaben zumeist relativ unsauber eingespielt, sodass Sie häufig nachträglich Korrekturen vornehmen müssen.
- *Alert erstellen*: Nach Angabe Ihrer E-Mail-Adresse können Sie in Google Scholar auch Alerts einrichten. Die Alerts lassen sich im persönlichen Account verwalten.

Suchfunktionen

BASE

Die Bielefeld Academic Search Engine, kurz: BASE, gehört laut Selbstauskunft des Betreibers zu einer der weltweit größten Suchmaschinen für frei im Sinne des Open Access zugängliche wissenschaftliche Dokumente im Internet. Bei der Auswahl der Quellen berücksichtigt BASE in erster Linie Dokumentenserver (so genannte Repositorien), auf denen Universitäten und Forschungseinrichtungen Publikationen ihrer Wissenschaftler archivieren. BASE sammelt und indexiert diese Daten. Neben den Daten von Repositorien werden aber auch ausgewählte Webquellen und lokale Datenbestände von Bibliotheken in die Datenbank eingespeist. Der Index von BASE umfasst derzeit über 37 Millionen Dokumente aus fast 2.300 Quellen (Stand: Juli 2012). Davon sind 70–80% frei zugänglich und können somit direkt aufgerufen werden. Im Unterschied zu Google Scholar dokumentiert BASE die durchsuchten Datenquellen in einem Quellenverzeichnis. Positiv ist auch zu erwähnen, dass BASE eine wöchentliche Aktualisierung der Datenbank vornimmt.

Im Index von BASE werden in der Regel ausschließlich Metadaten, also formale und inhaltliche Beschreibungen eines Dokuments, abgespeichert. Eine Volltextsuche ist somit nicht möglich. Dennoch liegt eine besondere Stärke von BASE in den angebotenen Suchfunktionalitäten. Sie haben die Wahl zwischen einer Einfachen Suche (*Standardsuche*), einer Erweiterten Suche sowie einer Systematischen Suche (*Browsing*). Bei der Einfachen und Erweiterten Suche werden automatisch neben dem eingegebenen Wort weitere Wortformen (Genitiv, Plural etc.) berücksichtigt. Diese Funktion lässt sich in der Einfachen Suche mit dem Radio-Button *Exakte Suche* bzw. in der Erweiterten Suche durch Entfernen des Häkchens bei *Zusätzliche Wortformen finden* deaktivieren. In der Einfachen Suche ermöglicht Ihnen der mehrsprachige multidisziplinäre EuroVoc Thesaurus, Synonyme und Übersetzungen mit in die Suche einzubeziehen. Eine sehr sinnvolle Suchfunktionalität, bedenkt man, dass BASE Dokumentenserver aus den verschiedensten Ländern weltweit als Datenquelle nutzt. In der Erweiterten Suche können Sie deshalb auch eine länderspezifische Einschränkung der Quellen vornehmen. Erfreulich ist zudem, dass die Erweiterte Suche neben Suchfeldern wie *Gesamtes Dokument*, *Titel*, *Autor* auch ein Suchfeld *Schlagwörter* vorsieht. BASE bietet somit die Möglichkeit einer thematischen Recherche. Genau wie bei Google Scholar lassen sich die einzelnen Suchfelder in der Erweiterten Suche allerdings nicht miteinander kombinieren. Ein besonderes Schmankerl von BASE ist die Systematische Suche (*Browsing*), die Ihnen eine thematische Suche mittels der Dewey-Dezimal-Klassifikation ermöglicht. Leider sind derzeit erst etwa 2 Mio. Dokumente klassifikatorisch erfasst.

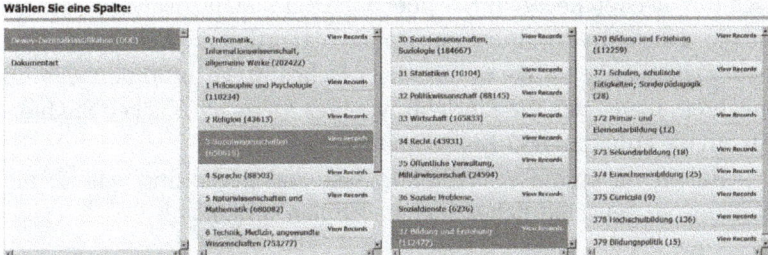

Abb. 20: Browsing-Funktion in BASE

Standardmäßig wird die Trefferliste nach Relevanz sortiert. Entscheidendes Bewertungskriterium für die Trefferrelevanz ist die Häufigkeit, mit der der Suchbegriff in den Metadaten vorkommt, wobei das Titelfeld die höchste Gewichtung erhält. Im Gegensatz zu Google Scholar besteht in BASE allerdings auch die Möglichkeit, eine benutzerdefinierte Umsortierung nach Autor, Titel oder Jahr vorzunehmen. Daneben bietet BASE ein trefferabhängiges Filtern der Ergebnisse mit den Parametern Autor, Schlagwort, Dewey-Dezimalklassifikation (DDC), Erscheinungsjahr, Quelle, Sprache oder Dokumentenart.

Vergleichbar mit Katalogen und Fachdatenbanken gibt die Einzeltrefferanzeige nicht nur über die bibliographischen Angaben, sondern darüber hinaus auch über die Verschlagwortung und Klassifikation des Treffers Auskunft. Die Schlagwörter und Klassifikation können Sie ganz im Sinne des Schnellballprinzips für die Formulierung weiterer Rechercheanfragen nutzen. Unterhalb der Einzeltrefferanzeige besteht zudem die Möglichkeit einer Anschlussrecherche in Google Scholar. Sie fragen sich jetzt vielleicht nach dem Sinn einer solchen Anschlussrecherche? Liefert BASE nicht alle notwendigen Informationen, die man für das Auffinden einer Publikation benötigt? Keine Sorge, die Datenqualität in BASE ist hervorragend. Aber im Gegensatz zu Google Scholar bietet BASE keinen Zitationsindex an. Die Anschlussrecherche ermöglicht es Ihnen somit, Publikationen zu finden, die sich auf Ihren Treffer beziehen und diesen zitieren.

BASE verfügt über zahlreiche Weiterverarbeitungsmöglichkeiten. Sie können über die Funktion *Zu den Favoriten* einzelne Treffer oder über die Funktion *Suche speichern* die komplette Suchanfrage abspeichern. Über die Suchhistorie haben Sie Zugriff auf sämtliche Suchanfragen der aktuellen Sitzung, so dass Sie auch nachträglich noch entscheiden können, welche Suchanfragen Sie sichern möchten und welche nicht. Voraussetzung für das Abspeichern ist, dass Sie sich einen kostenlosen persönlichen Account bei BASE einrichten. Sie können

Trefferanzeige

Weiterverarbeitung

sich Ihre Rechercheergebnisse aber auch per E-Mail zusenden oder sie in ein Literaturverwaltungsprogramm exportieren. Wenn Sie über neue Datenbankeinträge zu Ihrer Rechercheanfrage informiert werden möchten, bietet sich die Einrichtung eines Alerts an. Klicken Sie hierfür auf die Funktion *RSS-Feed abonnieren*.

Halten wir an dieser Stelle kurz fest, was gegen und was für die Nutzung wissenschaftlicher Suchmaschinen spricht:

Pro	Contra
frei verfügbar	fehlende Qualitätssicherung durch Experten
intuitive Bedienung	fehlende sachliche Erschließung (Ausnahme: BASE)
interdisziplinäre Quellenbasis	intransparente Quellenauswahl und Aktualisierung (Ausnahme: BASE)
Sofortzugriff auf Volltexte	keine vollständige Indexierung

4.4 Internet für Pädagogen – Fachportale im Netz

Im Internet finden Sie zahlreiche Web-Portale, deren Ziel es ist, Wissenschaftler und Studierende bei der Recherche nach wissenschaftlichen Informationen zu unterstützen. Anbieter dieser Portale können Verlage, Fachinformationszentren, Fachgesellschaften und Institute sein. Wir werden uns in diesem Kapitel vor allem mit pädagogischen Fachportalen beschäftigen. Ihre kaum zu unterschätzende Leistung besteht darin, die über das Internet verstreuten pädagogisch relevanten Informationsquellen zu bündeln und einen einheitlichen Zugang zu ermöglichen. Im Gegensatz zu den Trefferlisten wissenschaftlicher Suchmaschinen durchlaufen die auf den Fachportalen verzeichneten Informationsressourcen einer qualitativen Prüfung. Das Angebot wird von Fachpersonal zusammengestellt, begutachtet und kommentiert. Fachportale weisen dabei sowohl entgeltfreie wie auch entgeltpflichtige Informationszugänge nach. Ihr besonderer Schwerpunkt liegt allerdings auf der Bereitstellung von freien Internetquellen.

Die zwei zentralen Portale für Pädagogik und Bildung allgemein sind das *Fachportal Pädagogik* und der *Bildungsserver*. Beide Portale bieten einen übergreifenden und schnellen Zugriff auf relevante wissenschaftliche Informationen.

Fachportal Pädagogik

Seit August 2005 wird das Fachportal Pädagogik vom Informationszentrum Bildung des Deutschen Instituts für Internationale Pädagogische Forschung (DIPF) betrieben. An der Begleitung und Weiterentwicklung des Portals ist eine Reihe von Wissenschaftlern unmittelbar beteiligt. Wesentliche Ziele des Fachportals Pädagogik sind der Nachweis von Literaturdatenbanken, Forschungsdatenquellen sowie umfassenden Informationssammlungen zu den verschiedenen Aspekten der Erziehungswissenschaft und Bildungsforschung. Das Portal umfasst dabei vier verschiedene Module:

- Über die Metasuche können Sie in 20 überwiegend kostenfreien fachrelevanten Datenbanken, darunter auch FIS Bildung, ERIC und BASE etc., gleichzeitig nach fachrelevanten Informationen (Literatur, Internet-Ressourcen, Termine, audiovisuelle Medien) suchen.
- Das zweite Modul des Fachportals Pädagogik ist die Literaturdatenbank FIS Bildung, die ich Ihnen bereits im Kapitel 4.2.3.1 genauer vorgestellt habe.
- Bei pedocs handelt es sich um einen vom DIPF aufgebauten und gepflegten Dokumentenserver, auf dem Volltexte sowie audiovisuelle Materialien Open Access veröffentlicht werden. Wissenschaftler können den Dokumentenserver nutzen, um ihre Publikationen zur freien Verfügung zu stellen. Zudem werden dank Kooperationen mit Verlagen auch Zweitveröffentlichungen von Verlagspublikationen bereitgestellt. Pedocs bietet darüber hinaus einen Zugriff auf Dissertationen, Habilitationen und graue Literatur.
- Der Themenkatalog ist ein Internetguide. Er unterstützt Sie bei der Suche nach online verfügbaren Informationen zu Personen, Institutionen, Projekten, Terminen und vielem mehr. Der Themenkatalog wird in Kooperation zwischen dem Fachportal Pädagogik und dem Deutschen Bildungsserver erstellt. Ziel des Angebots ist es, für verschiedene Forschungsfelder die online verfügbaren Informationen in Form kompakter Übersichten zu strukturieren. Die thematische Kategorisierung der Ressourcen orientiert sich dabei an der Sektionsstruktur der Deutschen Gesellschaft für Erziehungswissenschaft. Der Schwerpunkt des Informationsangebots liegt auf dem deutschsprachigen Raum.

Themenkatalog Erziehungswissenschaft

Als Kooperation zwischen Fachportal Pädagogik und dem Deutschen Bildungsserver werden hier für den Forschungsprozess der Erziehungswissenschaft relevante kostenfreie Online-Ressourcen zugänglich gemacht.

Forschungsfelder
- Allgemeine Erziehungswissenschaft
- Behindertenpädagogik
- Berufs- und Wirtschaftspädagogik
- Bildungsorganisation, Bildungsplanung und Bildungsrecht
- Empirische Bildungsforschung
- Erwachsenenbildung / Weiterbildung
- Fachdidaktik
- Frauen- und Geschlechterforschung
- Historische Bildungsforschung
- Hochschulforschung und Hochschuldidaktik
- Medienpädagogik
- Pädagogik der frühen Kindheit
- Schulpädagogik
- Sozialpädagogik
- Vergleichende Erziehungswissenschaft

Tipps Forschen, Lehren, Lernen
- Literaturrecherche und Arbeitshilfen
- Dokumentenserver, Volltextsammlungen und E-Journals für die Erziehungswissenschaft
- Datenbank editorischer Merkmale pädagogischer Fachzeitschriften (DEPOT)
- Open Access und Datenschutz
- Wissenschaftliche Institutionen, Ministerien und Verbände
- Statistiken zum Bildungsbereich
- Forschungsförderung, wissenschaftlicher Nachwuchs und Kooperation
- Interaktion und Kommunikation
- Veranstaltungen und Termine
- Internationales

Abb. 21: Themenkatalog Erziehungswissenschaft im Fachportal Pädagogik

Bildungsserver

Der Deutsche Bildungsserver ist ein von Bund und Ländern getragenes nationales Web-Portal, das redaktionell gepflegte Informationsangebote zu Bildungsinformationen im Internet nachweist. Koordiniert wird das Portal vom Deutschen Institut für Internationale Pädagogische Forschung (DIPF) in Frankfurt. Als „Meta-Server" verweist der Deutsche Bildungsserver auf Informationsangebote, die von Bund, Ländern, EU, Hochschulen, Schulen, wissenschaftlichen Fachgesellschaften bereitgestellt werden. Die Themen umfassen alle Bildungsstufen, von der Elementarbildung über Schule und Berufliche Bildung bis zu Hochschulbildung, Wissenschaft und Bildungsforschung und Erwachsenen-/Weiterbildung. Ergänzt werden sie von übergreifenden Informationen zum deutschen Bildungswesen (z.B. auch Lehrpläne der einzelnen Bundesländer) und Querschnittsthemen wie Behindertenpädagogik und Sozialarbeit, Medien und Bildung sowie Bildung weltweit und Interkulturelle Bildung.

Als Sucheinstiegsmöglichkeiten bietet der Deutsche Bildungsserver neben einer Einfachen Suche und einer Erweiterten Suche auch zahlreiche Datenbanken an, mit denen Sie gezielt nach themenbezogenen Internetseiten (z.B. Institutionen, Veranstaltungen, Stellen, Projekte etc.) suchen können. Darüber hinaus stellt Ihnen das Projekt ELIXIER (*Elaborated Lists of Internet Educational Resources*) eine Suchmaske bereit, über die sich bildungsrelevante Online-Ressourcen recherchieren lassen.

4.5 Auf dem Laufenden bleiben

Für Wissenschaftler besteht ein zentraler Bestandteil ihrer Arbeit darin, sich über aktuelle Diskussionen und Forschungstrends innerhalb der eigenen Fachdisziplin auf dem Laufenden zu halten. Zum einen möchte man natürlich in Gesprächen mit Fachkollegen keinen uninformierten Eindruck hinterlassen. Nichts ist unangenehmer, als aufgrund von Unwissenheit nicht mitreden zu können. Zum anderen sollte jede Forschung auf den aktuellsten Forschungsergebnissen aufbauen und diese kritisch diskutieren. Dieser Grundsatz wissenschaftlichen Arbeitens gilt für Wissenschaftler gleichermaßen wie für Studierende. Insbesondere bei Abschlussarbeiten sollten Sie darauf bedacht sein, dass Sie neue Entwicklungen innerhalb Ihres Forschungsfeldes nicht verschlafen.

Im Folgenden möchte ich Ihnen einige Dienste vorstellen, die Sie heranziehen können, um sich über aktuelle Forschungstrends und -ergebnisse zu informieren.

Rezensionen

Rezensionen sind schriftliche Besprechungen von Publikationen. Sie beziehen sich gewöhnlich auf einzelne Monographien. Seltener gibt es sogenannte Sammelrezensionen, in denen thematisch verwandte Publikationen miteinander verglichen werden. Rezensionen liefern nicht nur eine knappe Zusammenfassung der Fragestellung, des Forschungsziels und der Argumentation der besprochenen Arbeit. Darüber hinaus verorten sie die rezensierte Publikation in einen größeren Forschungszusammenhang. Rezensionen besprechen, mit anderen Worten, eine Forschungsarbeit vor dem Hintergrund bereits vorliegender Erkenntnisse und aktuell geführter Diskurse. Im Resümee nimmt der Rezensent eine kritische Bewertung vor, ob und inwieweit es der rezensierten Arbeit gelungen ist, den eigenen Forschungszielen gerecht zu werden.

Rezensionen helfen Ihnen dabei, sich einen Überblick über aktuelle Diskussionen zu einem Forschungsgegenstand zu verschaffen. Zu finden sind sie vor allem in Fachzeitschriften wie z. B. der *Zeitschrift für Pädagogik* und der *Pädagogischen Rundschau*. Besonders empfehlenswert für die Suche nach wissenschaftlichen Rezensionen ist das Rezensionsjournal *Erziehungswissenschaftliche Revue*, das alle zwei Monate ausschließlich Rezensionen aus allen Teilbereichen der Erziehungswissenschaft veröffentlicht. Für die historische Bildungsforschung bietet das Portal *Historische Bildungsforschung Online* eine Sammlung an Rezensionen an. Hier besteht auch die Möglichkeit, eigene Rezensionen zu veröffentlichen.

Zeitschrifteninhaltsverzeichnisdienste

Eine unter Wissenschaftlern weit verbreitete Methode, sich auf dem Laufenden zu halten, ist das Durchblättern von Inhaltsverzeichnissen einschlägiger Fachzeitschriften. Dank der heute von fast jeder Fachzeitschrift angebotenen Abstracts gewinnt man auf diese Art und Weise relativ schnell einen Überblick über aktuelle Forschungsarbeiten. Zweifellos ist es schier unmöglich, stets alle pädagogischen Fachzeitschriften im Blick zu behalten. Eine Auswahl von Zeitschriften, die für das eigene Forschungsinteresse von besonderem Interesse sind, tut deshalb not. Während man sich früher für das Durchblättern der Inhaltsverzeichnisse an das Zeitschriftenregal der Bibliothek begeben und Zeitschrift für Zeitschrift in die Hand nehmen musste, bieten sich heute Zeitschrifteninhaltsverzeichnisdienste an. Diese Inhaltsverzeichnisdienste ermöglichen es Ihnen, online die Inhaltsverzeichnisse von Fachzeitschriften wie auch die Abstracts der einzelnen Aufsätze einzusehen.

Die größte Sammlung an Inhaltsverzeichnissen wissenschaftlicher Zeitschriften bietet *JournalTocs*. Derzeit umfasst der Dienst die aktuellsten Inhaltsverzeichnisse von 19.637 Zeitschriften. Kernstück von JournalTocs sind RSS-Feeds, die neben dem Inhaltsverzeichnis auch weitere Informationen wie die URL zum Volltext sowie Abstracts beinhalten. Suchen Sie zunächst nach Zeitschriften, von denen Sie ein RSS-Feed abonnieren möchten. Hierfür stehen Ihnen zwei Suchoptionen zur Verfügung: Entweder Sie geben in die Schnellsuche die Titel der gewünschten Zeitschriften ein oder aber Sie browsen durch die Zeitschriftenliste einzelner Fachdisziplinen. Falls Sie sich einen kostenlosen persönlichen Account angelegt haben, können Sie Ihre Auswahl abspeichern und jederzeit zu einem späteren Zeitpunkt erneut aufrufen. Zudem haben Sie die Möglichkeit, einen E-Mail-Alert einzurichten bzw. Ihre Auswahl als OPML-Datei zu exportieren und in den Feedreader Ihrer Wahl zu importieren. So werden Sie automatisch informiert, wenn neue Inhaltsverzeichnisse für die von Ihnen ausgewählten Zeitschriften vorliegen.

Soziale Netzwerke in der Wissenschaft

Wer eine wissenschaftliche Karriere anstrebt, tut gut daran, sich frühzeitig mit Fachkollegen zu vernetzen. Denn neben Leistung und Produktivität nehmen vor allem Kooperations- und Netzwerkbeziehungen positiv Einfluss auf den Verlauf von Wissenschaftskarrieren. In den letzten Jahren konnte sich abseits von Facebook, Twitter, Xing etc. eine Reihe von sozialen Netzwerken speziell für Wissenschaftler etablieren. Eine absolute Stärke solcher sozialen Netzwerke besteht darin, dass sie eine große virtuelle Wissenschaftsgemeinschaft schaffen, die in sich zwar nach Fachdisziplinen differenziert ist, deren Struktur aber so offen gestaltet wurde, dass sie allen Mitgliedern genügend Möglichkeiten zum interdisziplinären Austausch bietet.

Soziale Netzwerke für Wissenschaftler ermöglichen es Ihnen, ein Forschungsprofil mit Angaben der eigenen Forschungsschwerpunkte sowie der bisherigen Veröffentlichungen zu erstellen, Forschungsprobleme und -ergebnisse in Foren zu diskutieren, mit Fachkollegen zu kooperieren und Literaturlisten auszutauschen. Darüber hinaus bieten einige soziale Netzwerke ihren Mitgliedern die Möglichkeit an, über ein Instant Messaging direkt miteinander zu kommunizieren. Zu guter Letzt findet man häufig auch Recommender-Funktionen, die dem Nutzer ausgehend von dessen Forschungsprofil Literatur empfehlen und ihm Hinweise auf andere Mitglieder des sozialen Netzwerks mit einem vergleichbaren Profil geben. Zu den sozialen Netzwerken mit den höchsten Mitgliederzahlen gehören *ResearchGate*, *Academia* und *Mendeley*. Bei allen drei Netzwerken können Sie sich kostenlos einen persönlichen Account anlegen.

Mailinglisten und Weblogs
Eine häufig genutzte Möglichkeit zum Nachrichtenaustausch und zur Diskussion sind Mailinglisten. Mailinglisten bieten die Chance einer interaktiven Kommunikation zwischen den Listenmitgliedern. Um Mitglied zu werden, muss man sich in der Regel in die Mailingliste einschreiben. Die Lese- und Schreibrechte eines angemeldeten Benutzers werden vom Administrator der Liste festgelegt. Allerdings gibt es auch Mailinglisten, die für jeden einsehbar sind, bei denen jedoch lediglich angemeldete Benutzer über Schreibrechte verfügen. Eine große Anzahl von für den pädagogischen Bereich relevanten Mailinglisten finden Sie auf dem *Bildungsserver*. Tippen Sie hierfür das Schlagwort *Mailingliste* in die Erweiterte Suche ein. Angezeigt bekommen Sie Mailinglisten zu Themen wie z. B. Hochschulbildung, Sozialarbeit, E-Learning und vieles mehr.

Im Gegensatz zu Mailinglisten erfolgt die Kommunikation bei Weblogs nicht über E-Mails, sondern auf Webseiten. Zwar sehen Weblogs auch Möglichkeiten zur Diskussion vor, die Inhalte eines Weblogs sind aber stärker als bei einer Mailingliste von einem einzelnen Autor verantwortet. Zahlreiche Fachgesellschaften bieten eigene Blogs an, die sich als RSS-Feed abonnieren lassen. Einen Überblick an Weblogs aus dem pädagogischen Bereich liefert Ihnen wiederum der *Bildungsserver*. Nutzen Sie die Erweiterte Suche und tragen Sie dieses Mal in das Suchfeld „Schlagwort" die Begriffe *Blog Weblog* ein. Führen Sie eine ODER-Suche durch, indem Sie das Häkchen bei „alle Wörter" entfernen.

Neuerscheinungsdienste

Sie möchten sich schnell und zuverlässig über Neuerscheinungen im Bereich pädagogischer Fachliteratur informieren? Zu diesem Zweck sollten Sie auf Neuerscheinungsdienste zurückgreifen. Für in Deutschland veröffentlichte Werke bietet die Deutsche Nationalbibliothek wöchentlich einen Neuerscheinungsdienst (ND) an. Der Neuerscheinungsdienst ist ein Bestandteil der Deutschen Nationalbibliographie, in der alle in Deutschland erscheinenden selbständigen Publikationen (also z.B. Bücher und Zeitschriften) verzeichnet werden. Der online frei verfügbare Dienst gliedert sich nach Sachgruppen auf, die auf der Dewey-Dezimalklassifikation basieren. Neuerscheinungen aus dem Gebiet der Pädagogik finden Sie in der Sachgruppe 370 *Erziehung, Schul- und Bildungswesen*. Zum Neuerscheinungsdienst gelangen Sie, indem Sie auf der Homepage der Deutschen Nationalbibliothek zunächst im linken Menü auf Kataloge und dann auf Katalog der Deutschen Nationalbibliothek klicken. Das aktuelle Heft können Sie über den blau unterlegten Link *ND* aufrufen.

Ein Pendant zur deutschen Nationalbibliographie ist die *British National Bibliography* (BNB). In der British National Bibliography werden alle im Vereinigten Königreich und der Republik Irland neu erschienenen Bücher und Zeitschriften aufgelistet. Sie können entweder direkt in der BNB online recherchieren oder sich eine Liste mit neuen Einträgen downloaden. Auch die Titel in der BNB werden nach der Dewey-Dezimalklassifikation geordnet.

Eine weitere Möglichkeit, sich über Neuerscheinungen auf dem Laufenden zu halten, sind Neuerwerbungslisten. In Neuerwerbungslisten geben Bibliotheken Auskunft über alle neu in ihren Bestand aufgenommen Medien. Da Neuerwerbungslisten auch die Forschungsliteratur des Auslands berücksichtigen, sind sie eine sehr gute Ergänzung zum Neuerscheinungsdienst der Deutschen Nationalbibliothek. Besonders interessant für den pädagogischen Bereich ist die Neuerwerbungsliste des an der Universitätsbibliothek Erlangen-Nürnberg angesiedelten Sondersammelgebiets Bildungsforschung. Sie finden die Neuerwerbungsliste des SSGs auf der Homepage der Universitätsbibliothek unter *Unser Service*.

Informationen weiterverarbeiten

5 Treffer bewerten und verwalten

Auf den vorangegangenen Seiten haben Sie zahlreiche Rechercheinstrumente kennengelernt, die Ihnen bei der Suche nach wissenschaftlichen Publikationen und Informationen behilflich sein können. Die Fähigkeit, kompetent mit diesen Recherchewerkzeugen umzugehen und erfolgreich nach Informationen zu suchen, stellt heute eine Schlüsselqualifikation des Studiums dar. Der Erfolg einer Recherche hängt aber selbstverständlich nicht ausschließlich von der Menge der erzielten Treffer ab. Vielmehr gilt es, aus den Treffern die auf das eigene Informationsbedürfnis passenden Dokumente herauszufiltern und für den weiteren Gebrauch zu sichern. Neben Kompetenzen im Umgang mit Rechercheinstrumenten sind also ebenso Fähigkeiten gefragt, große Trefferzahlen schnell und effizient bezüglich ihrer wissenschaftlichen Qualität und Relevanz zu bewerten, Suchergebnisse zu sichern und effektiv zu verwalten.

5.1 Treffer bewerten

Die Bewertung von Rechercheergebnissen erweist sich immer dann als besonders knifflig, wenn Ihnen lediglich die bibliographischen Angaben, nicht aber die Volltexte vorliegen. Bei einem Volltext verfügen Sie über die Möglichkeit, anhand des Klappentexts, des Inhaltsverzeichnisses, der Einleitung oder auch des Abstracts eine Einschätzung vorzunehmen, ob sich die Mühe des Lesens und Bearbeitens wirklich lohnt. Werden in dem Buch oder dem Aufsatz Themen angesprochen und Fragen abgehandelt, die für die Bearbeitung Ihres Forschungsproblems interessant sein könnten? Bietet Ihnen der Text argumentative Ansatzpunkte, über die Sie noch gar nicht nachgedacht hatten? Immer, wenn Sie sich solche Fragen stellen, erfolgt Ihre Relevanzbewertung auf der Basis inhaltlicher Kriterien. Bei der Beurteilung von Rechercheergebnisse sollten aber neben den inhaltlichen stets auch formale und qualitative Aspekte eine bedeutende Rolle spielen. Denn eine Publikation kann zwar eine inhaltliche Relevanz für Ihr Thema besitzen, sie muss deshalb aber noch lange nicht qualitativ hochwertig sein.

Bewertung von Monographien

Bei einer Monographie, also einer Buchveröffentlichung, sind die wichtigsten Kriterien für die Qualitätsbeurteilung:

- **der Autor** (Ist der Autor ein anerkannter Wissenschaftler? Hat er eventuell schon mehrere Publikationen zu der gesuchten Thematik veröffentlicht? Arbeitet er an einer Universität oder einer anderen einschlägigen wissenschaftlichen Institution?)
- **der Verlag** (Handelt es sich beim Verlag um einen anerkannten wissenschaftlichen Verlag? Hat der Verlag einen Schwerpunkt auf dem entsprechenden Forschungsgebiet?)
- **die Schriftenreihe** (Erscheint die Monographie im Rahmen einer wissenschaftlichen Schriftenreihe? Wird diese von einer wissenschaftlichen Institution oder von renommierten Wissenschaftlern herausgegeben?)

Auch wenn man über den Autor, den Verlag oder die Schriftenreihe, in der ein Buch erschienen ist, zunächst nichts weiß, genügt oft eine kurze Internetrecherche, um sich hier ein klareres Bild zu verschaffen.

Internationale Bibliographie der Rezensionen

Besonders hilfreich ist es, wenn zu einem Buch eine *Rezension* vorliegt. Die gezielte Suche nach Rezensionen ist über spezielle Rezensionsverzeichnisse möglich. Das wichtigste geisteswissenschaftliche Rezensionsverzeichnis ist die *Internationale Bibliographie der Rezensionen* (IBR), die seit 1985 in einer Datenbank insgesamt 1,2 Millionen Rezensionen zu rund 600.000 wissenschaftlichen Monographien verzeichnet. Darüber hinaus lassen sich Rezensionen auch in Referenzdatenbanken recherchieren. In der Literaturdatenbank FIS Bildung beispielsweise verwenden Sie für die Suche nach Rezensionen einfach das Schlagwort *Rezension*. Weitere Quellen für Rezensionen haben Sie bereits im Kapitel 4.5 *Auf dem Laufenden bleiben* kennen gelernt.

Bewertung von Zeitschriftenaufsätzen

Für Zeitschriftenartikel gelten ähnliche Bewertungskriterien wie für Monographien. Neben dem Autor ist hier vor allem die Zeitschrift, in der der Aufsatz erschienen ist, ein wichtiges Beurteilungskriterium: Handelt es sich bei der Zeitschrift um eine anerkannte wissenschaftliche Fachzeitschrift? Wird sie von einem Gremium renommierter Wissenschaftler oder einer Forschungsinstitution herausgegeben? Unterliegen die Zeitschriftenaufsätze einem Peer-Review-Verfahren, d.h., wurden sie vor ihrer Veröffentlichung durch ein Gremium von Fachleuten begutachtet?

Impact Faktor

Eine Maßzahl, mit der man in der Wissenschaft versucht, den Einfluss einer Zeitschrift auf ein Forschungsgebiet zu beziffern, ist der

Impact Faktor (IF). Für seine Berechnung wird die Anzahl der in einem Publikationsfenster von zwei aufeinanderfolgenden Jahren veröffentlichten Zeitschriftenartikel in ein Verhältnis gesetzt zu der Anzahl der Zitationen, die diese Artikel im Folgejahr erhalten haben. Die Berechnungsformel lautet dementsprechend: IF = Zitate:Artikel. Der Impact Faktor gibt also die durchschnittliche Zitierhäufigkeit der Artikel einer Zeitschrift in einem bestimmten Jahr an. Je höher der Impact Faktor einer Zeitschrift ist, umso mehr Bedeutung fällt ihr für die Fortentwicklung einer Wissenschaftsdisziplin zu – so jedenfalls die Theorie! Auskunft über den Impact Faktor gibt der *Journal Citation Report* (JCR), der in zwei Editionen vorliegt: der JCR Science Edition und der JCR Social Sciences Edition. Beide Editionen basieren auf den Daten der Zitationsdatenbanken des Web of Science.

Die Zeitschrift *American Educational Research Journal* weist laut dem JCR Social Sciences im Jahr 2011 einen Impact Faktor von 2,393 auf. Diese Zahl besagt nichts anderes, als dass die Artikel der Zeitschrift aus dem Publikationsfenster 2009–2010 im Folgejahr 2011 durchschnittlich 2,393 Zitierungen erhalten haben. Für eine pädagogische Zeitschrift kein schlechter Wert, denn der höchste Impact Faktor liegt hier gerade einmal bei 4,8.	**Beispiel**
Wir hatten bereits im Kapitel 4.2.3.4 *Wer zitiert wen* gesehen, dass das Web of Science seinen Schwerpunkt vor allem auf dem Nachweis von Zeitschriften aus dem anglo-amerikanischen Raum legt. Dieser Umstand erklärt auch, warum nur sehr wenige deutschsprachige Zeitschriften über einen Impact Faktor verfügen. Eine alternative Möglichkeit, sich über die Reputation pädagogischer Zeitschriften zu informieren, bietet die Datenbank DEPOT (*Datenbank editorischer Merkmale pädagogischer Fachzeitschriften*). Die über das Fachportal Pädagogik abrufbare Datenbank stellt Informationen über das editorische Konzept und die Reputation von überwiegend deutschsprachigen erziehungswissenschaftlichen und fachdidaktischen Zeitschriften bereit. Aktuell (Stand: September 2012) enthält das Verzeichnis Informationen zu 284 Zeitschriften. Die qualitative Bewertung der Zeitschriften erfolgte 2009 durch Experten der Deutschen Gesellschaft für Erziehungswissenschaft (DGfE) und der fachdidaktischen Gesellschaften. Neben der Reputation finden Sie hier auch Informationen zum Review-Verfahren und zu den Fachdatenbanken, in denen die Zeitschriften ausgewertet werden. Generell gilt, dass Zeitschriften mit einem Peer-Review-Verfahren in der Wissenschaft als qualitativ hochwertiger als Zeitschriften ohne Peer-Review-Verfahren angesehen werden. Falls Sie eine Fachzeitschrift in der Datenbank DEPOT nicht finden können, sollten Sie	**DEPOT**

UlrichsWeb einen Blick in *Ulrichs Web* werfen – dem Titelverzeichnis aller im Buchhandel lieferbaren bzw. elektronisch verfügbaren Zeitschriften. Prüfen Sie in DBIS, ob Ihre Bibliothek eine entsprechende Lizenz für *Ulrichs Web* erworben hat.

Bewertung von Internetdokumenten

Aufgrund fehlender qualitätssichernder Instanzen im Netz ist das Prüfen von Internetdokumenten besonders wichtig. Eine Beurteilung sollten Sie anhand der folgenden Fragen vornehmen:

- Wer betreibt das Internetangebot? Gibt es ein Impressum? Ist die Webseite ein Angebot von einer Universität oder einer anderen wissenschaftlichen Einrichtung?
- Von wem wurde das Dokument publiziert? Was ist über den Verfasser bekannt? In welcher Funktion schreibt er?
- Für wen wurde der Text geschrieben?
- Sind die Aussagen durch Quellen belegt?
- Wann wurde das Dokument publiziert? Sind die Inhalte noch aktuell?
- Wie lange sind die präsentierten Informationen gültig? Vor allem bei Dokumenten, die viele aktuelle Informationen enthalten, ist damit zu rechnen, dass sich der Inhalt des Dokuments schon bald stark verändern wird. Auch der Datei-Typ kann hierbei eine Rolle spielen (HTML-Dateien werden oft überarbeitet, PDF-Dateien dienen meist der dauerhaften Archivierung).
- Ist das Dokument dauerhaft zugänglich? Dies ist vor allem dann der Fall, wenn es von einer anerkannten Institution oder auf einem Dokumentenserver veröffentlicht wurde.

5.2 Literatur verwalten

Literaturverwaltungsprogramme Wer systematisch bei der Informations- und Literaturrecherche vorgeht, sieht sich schnell mit einer Unmenge an Literaturdaten konfrontiert, die es bequem und sinnvoll zu verwalten gilt. Mit einer vernünftigen Literaturverwaltung versetzen Sie sich in die Lage, im Laufe Ihres Studiums immer wieder von bereits durchgeführten Literaturrecherchen und -analysen zu profitieren. Warum sich die Arbeit also doppelt machen? Egal, in welchem Stadium des Studiums Sie sich befinden, es ist nie zu spät, mit der Sicherung und Verwaltung Ihrer Literatur zu beginnen. Viele verwenden hierfür Karteikärtchen und sammeln ordnerweise kopierte Artikel und Buchauszüge. Andere greifen als Notbehelf auf Office-Produkte zurück, um bewahrenswerte Zitate, Gedanken und Literaturangaben in unzähligen Dateien und in sich verschachtelten Ordnerstrukturen auf die Festplatte ihres PCs zu speichern. Neben diesen herkömmlichen Methoden der Literaturverwaltung bietet sich heute die Nutzung von Computerprogrammen an, mit denen sich Literaturangaben auf elektronischem Wege verwalten und weiterverarbeiten lassen.

Neue Literaturverwaltungsprogramme sind in den letzten Jahren wie Pilze aus dem Boden geschossen. Gab es vor gut 10 Jahren nur wenige Alternativen, so ist der Markt an Literaturverwaltungsprogrammen inzwischen kaum mehr zu überschauen. Aber worin unterscheiden sich die Programme voneinander? Ist es möglicherweise einerlei, für welches Programm man sich entscheidet? Oder sprechen die Programme unterschiedliche Zielgruppen an?

Der Kostenfaktor
Neben kommerziellen Programmen (z.B. EndNote, Citavi, RefWorks) gibt es zahlreiche kostenlose Anwendungen (z.B. Zotero, Bibliographix, Mendeley, JabRef). Solange Sie studieren, wird der Kostenfaktor eine eher untergeordnete Rolle für Sie spielen. Denn an den meisten Universitäten können Studierende dank einer Campuslizenz kommerzielle Literaturverwaltungsprogramme (häufig Citavi und/oder EndNote) kostenlos downloaden. Allerdings sollten Sie bedenken, dass Sie die Software nur solange verwenden dürfen, wie die Campuslizenz gültig ist bzw. Sie an der Universität immatrikuliert sind. Möchten Sie das Programm auch nach Ihrem Studium oder nach einem Studienortswechsel weiter nutzen, müssen Sie eventuell doch wieder zum Portemonnaie greifen.

Plattformen
Die meisten Literaturverwaltungsprogramme sind lokale, auf die Festplatte eines PCs oder Macs bzw. eines Notebooks zu installierende Anwendungen. Manche Programme lassen sich aber auch von einem USB-Stick aus starten. Die Installation auf einem USB-Stick hat einen großen Vorteil: Ihre Datenbank steht Ihnen an jedem Rechner, an dem Sie recherchieren, zur Verfügung. Achten Sie bei der Wahl Ihres Literaturverwaltungsprogramms zudem darauf, dass nicht jedes Programm unter allen Betriebssystemen lauffähig ist.

Neben den lokalen Anwendungen gibt es auch web-basierte Literaturverwaltungsprogramme. Bei diesen Programmen legen Sie Ihre Daten auf einen externen Webserver ab. Der Zugriff auf Ihre Datenbank erfolgt über einen Webbrowser. Webbasierte Literaturverwaltungsprogramme ermöglichen Ihnen einen ortsunabhängigen Zugriff auf Ihre

Daten – vorausgesetzt natürlich, Sie verfügen über einen Internetzugang. Zudem unterstützen sie die Zusammenarbeit mehrerer Personen an einer Literatursammlung.

Funktionen
Kommen wir zu den wichtigsten Unterschieden zwischen den Literaturverwaltungsprogrammen, nämlich ihren Funktionen. Auf der einen Seite gibt es Programme, die in erster Linie der inhaltlichen Erschließung von Texten sowie der Wissensarchivierung dienen. Ein schönes Beispiel solcher Ideenmanager ist der *Zettelkasten 3*; ein Programm, das Sie kostenlos aus dem Internet herunterladen können und das unter Windows, Mac OS X und diversen Linux-Betriebssystemen stabil läuft. Der *Zettelkasten 3* bietet Ihnen Möglichkeiten, Ihre Dokumente zu verschlagworten und kurze Zusammenfassungen oder Ideen festzuhalten bzw. sie in eine Gliederungsstruktur einzuordnen. Zudem eignet sich das Programm hervorragend, um Zitate zu verwalten.

Neben den Ideenmanagern bevölkern auf der anderen Seite vor allem Bibliographen den Markt an Literaturverwaltungsprogrammen (z. B. EndNote, RefWorks). Bei den Bibliographen steht das Erfassen und Verwalten von bibliographischen Angaben im Vordergrund. Die bibliographischen Angaben müssen natürlich zunächst einmal in Ihre Datenbank eingearbeitet werden. Aber keine Sorge, Sie müssen nur in den seltensten Fällen die Daten per Hand eintippen. Vielmehr lassen sich bibliographische Angaben aus den meisten Datenbezugsquellen (das können Kataloge, Fachdatenbanken, aber auch Websites sein) relativ problemlos in Ihre Datenbank übernehmen. Entweder Sie recherchieren in einer bibliographischen Datenbank, stellen sich eine Trefferliste zusammen und exportieren diese in ein Literaturverwaltungsprogramm. Oder aber Sie öffnen zunächst Ihr Literaturverwaltungsprogramm, wählen unter den dort angebotenen Informationsressourcen eine oder mehrere Datenbanken aus und geben Ihre Suchanfrage in der Suchoberfläche Ihres Programms ein. Die Treffer können Sie dann in Ihre Datenbank importieren. Nachdem Sie Ihre Datenbank mit Referenzen gefüllt haben, stehen Ihnen Verwaltungsfunktionen zur Verfügung, mit denen sich die Datenbank durchsuchen und die abgelegten Referenzen in Ordnern strukturieren lassen. Volltexte können Sie ebenfalls direkt in die Datenbank einpflegen. Einer der wichtigsten Funktionen von Bibliographen besteht darin, dass Sie die in Ihrer Datenbank abgelegten Literaturreferenzen in ein Textverarbeitungsprogramm einbinden und in einem von Ihnen gewünschten Zitierstil formatieren können. Auf diese Weise stellen Sie die konsistente Verwendung eines Zitationsstils in Ihrer Arbeit sicher.

Sie können natürlich Ihre gesammelte Literatur und Ihre Ideen und Exzerpte in unterschiedlichen Programmen ablegen. Damit verzichten Sie aber auf die Möglichkeit, Querverweise zwischen Literatur und Ideen festzuhalten. Wer gerne die Funktionen von Bibliographen nutzen, aber nicht auf ein integriertes Ideenmanagement verzichten möchte, sollte einen Blick auf Programme wie Citavi oder Bibliographix werfen. Beide Programme haben sich zum Ziel gesetzt, die Vorzüge der Bibliographen und Ideenmanager in sich zu vereinen.

6 Literatur beschaffen

Nicht immer werden Sie die Literatur, auf die Sie bei Ihrer Recherche stoßen, auch in Ihrer Bibliothek vorfinden. In diesen Fällen wird es notwendig sein, die gewünschten Publikationen von anderen Bibliotheken zu beschaffen. Im Folgenden stelle ich Ihnen drei Möglichkeiten vor, an nicht vor Ort vorhandene Literatur zu gelangen: (1) die Fernleihe, (2) der Dokumentlieferdienst und (3) der Service E-Books-on-Demand.

6.1 Fernleihe

Die *Fernleihe* ist der klassische Weg für die Beschaffung von vor Ort nicht vorhandener Literatur. Bei der Fernleihe werden die von Ihnen gewünschten Medien aus anderen Bibliotheken im Rahmen eines Leihverkehrs bestellt. Die Lieferung der Medien erfolgt an Ihre Bibliothek, bei der Sie Ihre Bestellung abholen können. Eine direkte Lieferung an Sie als Besteller erfolgt also nicht.

Um die Abwicklung der Bestellungen für die Nutzer komfortabler und auch schneller zu gestalten, haben die Bibliotheksverbünde die Möglichkeit der *Online-Fernleihe* eingerichtet, also der Direktbestellung durch die Benutzer. Damit ist die Bestellung über das Internet ortsunabhängig rund um die Uhr möglich. Ausgangspunkt für eine Online-Fernleihe ist in der Regel der regionale Verbundkatalog. Für eine Bestellung müssen Sie die Bibliothek angeben, bei der Sie registriert sind (dorthin wird das gewünschte Medium geliefert), und sich mit der Nummer Ihres Benutzerausweises und mit Ihrem Passwort im System anmelden. Ist ein Bestellwunsch erfüllbar, wird die Bestellung auf Ihrem Ausleihkonto angezeigt und lässt sich wie eine Bestellung in der lokalen Bibliothek verwalten.

Einschränkungen in der Fernleihe

Nicht alle Medien können über die Fernleihe bestellt werden. Einschränkungen betreffen vor allem sehr wertvolle und ältere Werke (vor 1800), Werke in schlechtem Erhaltungszustand und Nicht-Buch-Medien. Zudem sind Bücher, die im Buchhandel für weniger als 15 EUR erhältlich sind, in der Regel von der Fernleihe ausgenommen.

6.2 Dokumentlieferdienste

Die zum Teil recht langen Bearbeitungszeiten der Fernleihe, der Umstand, dass die Medien bei der Bibliothek abgeholt werden müssen sowie das Fehlen von Rückmeldungen bei Nichterfüllbarkeit des Bestellwunschs (Negativmeldungen) machten neue Formen der überregionalen Literaturversorgung nötig.

Dokumentlieferdienste richten sich vorrangig an Benutzer, die im Anschluss an eine Online-Recherche die benötigten Dokumente sofort bestellen und eine schnelle Lieferung direkt an ihren Arbeitsplatz erhalten möchten. Der wichtigste Unterschied zwischen einem Dokumentlieferdienst und der Fernleihe besteht darin, dass die Dokumentlieferung direkt zwischen dem Benutzer (Kunden) und der liefernden Bibliothek abgewickelt wird. Zwar bieten die meisten Dokumentlieferdienste heute auch den Versand von Büchern an, der Schwerpunkt des Angebots liegt jedoch auf der Lieferung von nicht rückgabepflichtigen Aufsatzkopien.

Die Abwicklung der Bestellung erfolgt innerhalb von sehr kurzen, von den Lieferdiensten garantierten Fristen. Lässt sich eine Bestellung innerhalb dieses Zeitraums nicht realisieren, so erhält der Benutzer eine Benachrichtigung. Der Benutzer legt auch die gewünschte Versandart fest. Die Lieferung von nicht rückgabepflichtigen Aufsatzkopien ist möglich in Form von Papierkopien per Post oder per Fax, durch die Sendung von PDF-Dateien per E-Mail oder durch die Bereitstellung des elektronischen Dokuments auf einem Server des Lieferdienstes bzw. des Kunden. Bücher werden per Post verschickt.

Der am meisten genutzte Dokumentlieferdienst im deutschsprachigen Raum, *Subito. Dokumente aus Bibliotheken e.V.*, wird von einem Zusammenschluss von wissenschaftlichen Bibliotheken aus Deutschland, Österreich und der Schweiz mit Sitz in Berlin betrieben. Subito bietet seinen Kunden sowohl die Anfertigung und Lieferung von Kopien aus Zeitschriften und anderen Printmedien als auch die Ausleihe von Büchern an. Vor der ersten Nutzung muss sich der Kunde selbst im System registrieren. Für die Recherche stehen ihm dann die Datenbanken von Subito zur Verfügung. Der Zeitschriftenkatalog umfasst rund eine

Million gedruckter Fachzeitschriften in allen Sprachen. Für die Monographienrecherche werden die regionalen Verbundkataloge genutzt. Angezeigt werden nur die Titel, die sich im Besitz der am Dokumentlieferdienst teilnehmenden Bibliotheken befinden.

Hinweis Für eine Dokumentlieferung können Sie direkt in den Datenbanken von Subito recherchieren. Darüber hinaus bieten aber auch zahlreiche bibliographische Datenbanken einen Link auf Subito, so dass Sie in vielen Fällen direkt im Anschluss an eine Literaturrecherche eine Dokumentlieferung in Auftrag geben können.

6.3 eBooks on Demand

Eine alternative Art der Lieferung von Büchern in elektronischer Form bietet der Bibliotheksservice *eBooks on Demand* (eod, auch DoD, Digitisation on Demand). Mit diesem kostenpflichtigen Service verfügt jeder Nutzer über die Möglichkeit, Zugriff auf elektronische Fassungen einzelner Monographien auch dann zu erhalten, wenn diese noch nicht in digitalisierter Form vorliegen. Aufgrund urheberrechtlicher Bestimmungen wird die Digitalisierung im Auftrag des Benutzers zumeist bei Werken mit Erscheinungsjahren von 1500 bis ca. 1900 angeboten.

Insgesamt bieten rund 30 Bibliotheken aus zwölf europäischen Ländern diesen Service an, u.a. die Bayerische Staatsbibliothek, die Universitätsbibliotheken Dresden, Graz, Greifswald, Regensburg, Innsbruck und Wien sowie die UB der Humboldt-Universität zu Berlin und die Wienbibliothek.

Bestellt werden kann über einen speziellen Link direkt im Anschluss an eine Recherche in den jeweiligen OPACs oder über die zentrale Plattform *books2ebooks*. Die Kosten für die Digitalisierung werden von den einzelnen Bibliotheken individuell festgesetzt. Sie richten sich nach dem Umfang des gewünschten Werks und werden dem Interessenten vor der Bestellung angezeigt. Bei den für die Kunden erstellten E-Books handelt es sich um Images in hoher Auflösung, die zu einer einzigen PDF-Datei zusammengeführt werden.

Wenn möglich, wird diese Datei noch mit einer automatischen Texterkennung mittels einer *OCR-Software* (Optical Character Recognition) bearbeitet und liegt dann auch als maschinenlesbarer Text vor. In diesem Fall kann auch der Volltext des Digitalisats durchsucht werden. Möglich ist dieses Verfahren vor allem bei Werken, die nach 1800 erschienen sind. Das E-Book wird dem Kunden – je nach Wunsch – in Form einer CD-ROM bzw. DVD geliefert oder zum Download bereitgestellt. In der Regel werden die digitalisierten Werke von der jeweiligen

Bibliothek anschließend auch im Rahmen ihrer digitalen Angebote bereitgestellt und stehen künftigen Nutzern damit kostenfrei zur Verfügung.

Tipp | Bevor Sie ein kostenpflichtiges E-Book bestellen, sollten Sie unbedingt zunächst mit einer Internetsuchmaschine überprüfen, ob tatsächlich keine elektronische Fassung existiert, die kostenfrei zur Verfügung steht.

Zu guter Letzt

Mit der Recherche verhält es sich so ähnlich wie mit der Liebe auf den zweiten Blick. Der erste Blick ist meist ein unfreiwilliger und nicht selten auch ein unerfreulicher. Unfreiwillig, weil wir uns mit einem Problem konfrontiert sehen, für dessen Lösung uns wichtige Informationen fehlen – was an sich schon unerfreulich ist. Diese Unerfreulichkeit steigert sich dann noch einmal, wenn wir die benötigten Informationen nicht finden. Was aber noch weitaus schlimmer ist: Wir haben diesen unerfreulichen Moment bereits vor Augen, bevor wir uns auf die Suche begeben. Denn die Tragik des Suchens liegt ja gerade in der Aussicht, nicht das zu finden, was man sucht.

Erst auf den zweiten Blick offenbart uns die Recherche ihre positiven Seiten. Sie hilft uns dabei, unsere Gedanken zu strukturieren, Fragen zu präzisieren und alternative Antworten zu durchdenken. Oftmals hält sie Überraschungen bereit, weil wir auf Unerwartetes stoßen, das unser Denken durchkreuzt. Nur selten führt uns ihr Weg geradlinig von einer Ausgangsfrage zu den erhofften Informationen. Die Recherche ähnelt vielmehr einer Entdeckungsreise, bei der mehr zu finden ist, als man anfangs suchte. Und gerade dieser offene Ausgang ist es, der die Recherche zu einem unerlässlichen Bestandteil des wissenschaftlichen Arbeitens und Forschens macht.

Anstelle eines Glossars

Ein ausführliches Glossar mit Erläuterungen zu allen Begriffen, die bei der Literatur- und Informationsrecherche eine Rolle spielen, würde den Umfang dieses Buches sprengen und liegt zudem in einer kostenfreien Online-Version bereits vor. Verlässliche Erläuterungen zu allen bibliothekarischen Fachbegriffen, die Ihnen in diesem Buch – oder auch in anderen Zusammenhängen – begegnen, bietet das Glossar auf der Website *informationskompetenz.de* – Vermittlung von Informationskompetenz an deutschen Bibliotheken. Neben den Definitionen der Begriffe finden Sie hier bei vielen Einträgen auch verwandte, über- und untergeordnete Begriffe sowie Beispiele und Links auf externe Angebote.

(http://www.informationskompetenz.de/glossar/)

Ressourcenverzeichnis

Das Ressourcenverzeichnis ist kostenlos online zugänglich über die Website von De Gruyter:
http://www.degruyter.com/view/product/180118

Bitte beachten Sie folgenden Hinweis: Online-Ressourcen sind schnellen Veränderungen unterworfen, sei es durch Aktualisierungen, sei es durch Neustrukturierung der Daten, sei es durch Layout-Anpassung. Die grundsätzlichen Ausführungen zum Inhalt eines Angebots bleiben davon allerdings meist unberührt.

Academia
   http://academia.edu/
Bibliographix
   http://www.bibliographix.de/
Bildungsserver
   http://www.bildungsserver.de/
Bielefeld Academic Search Engine (BASE)
   http://www.base-search.net/
British National Bibliography (BNB)
   http://www.bl.uk/bibliographic/natbib.html
Brockhaus Enzyklopädie
   http://www.brockhaus.de/
Canoo.net
   http://www.canoo.net/
Citavi
   http://www.citavi.de
Datenbank editorischer Merkmale pädagogischer Fachzeitschriften (DEPOT)
   http://www.fachportal-paedagogik.de/depot/zeitschriften.html
Datenbank-Infosystem (DBIS)
   http://rzblx10.uni-regensburg.de/dbinfo/fachliste.php
Destatis
   https://www.destatis.de/
Deutsche Nationalbibliografie (DNB)
   https://portal.d-nb.de/
Dewey Decimal Classification (DDC)
   http://www.ddc-deutsch.de
Digitales Wörterbuch der Deutschen Sprache (DWDS)
   http://www.dwds.de/
DigiZeitschriften
   http://www.digizeitschriften.de/
Directory of Open Access Journals (DOAJ)
   http://www.doaj.org/
Education Research Global Observatory
   http://www.ergobservatory.info/
Education Resources Information Center (ERIC)
   http://www.eric.ed.gov/
EndNote
   http://endnote.com/
Enzyklopädie Erziehungswissenschaft Online (EEO)
   http://www.erzwissonline.de
Elektronische Zeitschriftenbibliothek (EZB)
   http://rzblx1.uni-regensburg.de/ezeit/
Encyclopaedia Britannica
   http://www.britannica.com/

EoD
   http://books2ebooks.eu/de
Eurostat
   http://epp.eurostat.ec.europa.eu
Eurydice
   http://eacea.ec.europa.eu/education/eurydice/index_en.php
Fachportal Pädagogik
   http://www.fachportal-paedagogik.de/
FISBildung
   http://www.fachportal-paedagogik.de/fis_bildung/fis_form.html
Gateway Bayern
   http://www.gateway-bayern.de/
Genesis-Online
   https://www-genesis.destatis.de/genesis/online/logon
Gemeinsamer Verbundkatalog (GVK)
   http://gso.gbv.de/
Google
   http://www.google.com
Google News
   https://news.google.de/
Google Scholar
   http://scholar.google.de/
HeBIS-Verbundkatalog
   http://cbsopac.rz.uni-frankfurt.de/
hbz-Verbundkatalog
   http://okeanos-www.hbz-nrw.de/F/
Historische Bildungsforschung Online
   http://www.fachportal-paedagogik.de/hbo/
Internationale Bibliographie der Rezensionen (IBR)
   www.degruyter.com/db/ibr
Informationskompetenz.de
   http://www.informationskompetenz.de/
JabRef
   http://jabref.sourceforge.net/
JournalTocs
   http://www.journaltocs.hw.ac.uk/
JSTOR
   http://www.jstor.org/
Karlsruher Virtueller Katalog (KVK)
   http://www.ubka.uni-karlsruhe.de/kvk.html
Max Planck Virtual Library
   http://vlib.mpg.de
Mendeley
   http://www.mendeley.com/
OECD iLibrary
   http://www.oecd-ilibrary.org/
OIAster
   http://oaister.worldcat.org/
OpenThesaurus
   http://www.openthesaurus.de/
Paperball
   http://www.paperball.de/

Periodicals Archive Online (PAO)
    http://pao.chadwyck.co.uk/home.do
Pictura Paedagogica Online
    http://bbf.dipf.de/VirtuellesBildarchiv/
PressDisplay
    http://www.pressdisplay.com
PsycINFO
    http://www.apa.org/pubs/databases/psycinfo/index.aspx
PSYNDEX
    http://www.zpid.de/index.php?wahl=PSYNDEX
RefWorks
    http://www.refworks.com/
ResearchGate
    http://www.researchgate.net/
Regensburger Verbundklassifikation Online (RVK)
    http://rvk.uni-regensburg.de/
Sientific Commons
    http://de.scientificcommons.org/
Scirus
    http://www.scirus.com/
Scopus
    http://www.scopus.com
Scripta Paedagogica Online
    http://bbf.dipf.de/retro-digit0.htm/digitale-bbf/scripta-paedagogica-online
Statista
    http://de.statista.com/
Subito – Dokumente aus Bibliotheken
    http://www.subito-doc.de/
SWB Online-Katalog (SWB)
    http://swb.bsz-bw.de/
UlrichsWeb
    http://ulrichsweb.serialssolutions.com/
Verbundkatalog des Kooperativen Bibliotheksverbunds Berlin-Brandenburg (KOBV)
    http://vs13.kobv.de/
Vox Paedagogica Online
    http://bbf.dipf.de/digitale-bbf/vox-paedagogica-online
Webis
    http://webis.sub.uni-hamburg.de/webis/
Wikipedia – Die freie Enzyklopädie
    www.de.wikipedia.org/
Wiktionary
    http://de.wiktionary.org/wiki/Wiktionary:Hauptseite
WISO
    http://www.wiso-net.de
WorldCat
    www.worldcat.org/
WorldNews
    http://wn.com/
Wortschatz Portal der Universität Leipzig
    http://wortschatz.uni-leipzig.de/
Zeitungsdokumentation Bildungswesen
    http://www.bildungsserver.de/zd/
Zotero
    http://www.zotero.org/

Weiterführende Literatur

Eco, Umberto: Wie man eine wissenschaftliche Arbeit schreibt. Doktor-, Diplom- und Magisterarbeit in den Geistes- und Sozialwissenschaften. Heidelberg: Müller 2007.
Franck, Norbert; Stary, Joachim (Hg.): Die Technik des wissenschaftlichen Arbeitens. Eine praktische Anleitung. Paderborn u. a.: Schöningh 2011.
Franke, Fabian; Klein, Annette; Schüller-Zwierlein, André: Schlüsselkompetenzen - Literatur recherchieren in Bibliotheken und Internet. Stuttgart: Metzler 2010.
Lauber-Reymann, Margrit: Informationsressourcen. Ein Handbuch für Bibliothekare und Informationsspezialisten. Berlin, New York: De Gruyter Saur 2010.
Mann, Thomas: The Oxford Guide to Library Research. New York: Oxford University Press 2005.
Niedermair, Klaus: Recherchieren und Dokumentieren. Der richtige Umgang mit Literatur im Studium. Konstanz: UVK 2010.

Sachregister

Abstract 4, 98
Alert 94
Ampelsystem 67f., 81
Anschlussrecherche s. Verfügbarkeitsrecherche
Begriffsgeschichtliches Wörterbuch 26f.
Berichtszeitraum 64
Bestandsnachweis 62
Bibliographische Fachdatenbank s. Referenzdatenbank
Bibliothekskatalog s. OPAC
Boolesche Operatoren 34–37
Datenbank 62
Datenbank-Infosystem (DBIS) 65–68
Deutsche Nationalbibliothek 100
Dewey-Dezimalklassifikation (DDC) 13
Dokumentlieferdienst 108f.
eBooks on Demand 109f.
Einfache Suche 45f.
Elektronische Zeitschriftenbibliothek (EZB) 80f.
Enzyklopädie 24f.
Erweiterte Suche 43f.
Facettierung 50f.
Fachbibliographie 63
Fachportal 94–96
Faktendatenbank 64, 84–87
Fernleihe 107f.
Formale Erschließung 12
Forschungsfrage 4, 22f.
Forschungsthema 19–22
Freihandaufstellung 40
Handbuch 10f.
Impact Faktor 8, 102f.
Index 44f.
Inhaltliche Erschließung 13–17
Internetdokument 104
Internetsuchmaschine Vf.
Invisible Web VI
Kernzeitschrift 8
Klassifikatorische Erschließung 13–15
Konferenzband 9f.
Kontrolliertes Vokabular 44f.
Lehrbuch 10
Linkresolver 65
Literaturverwaltungsprogramm 91, 104–107
Mailingliste 99
Maskierung 49f.
Mehrbändiges Werk 7

Meta-Katalog s. Virtueller Katalog
Metasuche 95
Monographie 6f., 102
Moving Wall 82f.
Nachschlagewerk 6, 24–27
Nationalbibliographie 100
Neuerscheinungsdienst 100
Neuerwerbungsliste 100
News-Suchmaschine 83
Notation 13, 15
Numerus Currens 40
Ober- und Unterbegriff 31
Online-Fernleihe 107
OPAC 42–48
Open Access 81, 92
OpenURL s. Linkresolver
Peer-Review 8, 102
Personenlexikon 26
Phrasensuche 50, 69, 72, 89
Ranking 90
Recommender-Funktion 52f.
Referenzdatenbank 63f.
Regensburger Verbundklassifikation 13–15, 41, 45
Register s. Index
Relevanzsortierung s. Ranking
Repositorien 92
Rezension 97, 102
RVK s. Regensburger Verbundklassifikation
Sachlexikon 25
Sammelband 9
Schlagwort 15–17, 29, 31, 44f.
Schneeballprinzip 51f.
Schriftenreihe 7f.
Sekundärliteratur 50
Selbstständige Werke 48
SFX s. Linkresolver
Shibboleth 68
Signatur 41f.
Sondersammelgebiet 55–57
Soziale Netzwerke 98f.
Stichwort 44f., 49
Synonym 30f.
Synonymwörterbuch 33f.
Thematische Suche 46f.
Thesaurus 32f.
Trunkierung 49
Unselbstständige Werke 48

Verbundkatalog 58–60
Verfügbarkeitsrecherche 65
Verwandter Begriff 31 f.
Virtueller Katalog 60–62
Visible Web V
Volltextdatenbank 64, 82 f.
VPN-Client 68
Weblog 99

Werklexikon 26
Wikipedia 25
Wissenschaftliche Suchmaschine 87–94
Zeitschrift 8
Zeitschrifteninhaltsverzeichnisdienst 98
Zeitungsarchiv 83 f.
Zitation 5
Zitationsindex 77–80

Abbildungsverzeichnis

Hofmann privat (Abb. 16), alle anderen Abbildungen sind Ausschnitte aus dem Angebot der jeweils behandelten Informationsressourcen.

Die Abbildungen in den Marginalien auf den Seiten 13, 27, 29, 41, 42, 43, 49, 59, 66, 81 und 108 stammen aus Getty Images, iStockphoto, Jupiterimages/Thinkstock.

Über den Autor

Dr. Jens Hofmann, Leiter der Erziehungswissenschaftlichen Zweigbibliothek Nürnberg und Fachreferent für Soziologie und Politikwissenschaft an der Universitätsbibliothek Erlangen-Nürnberg. Studium in Trier (Soziologie und Pädagogik) und Berlin (Bibliotheks- und Informationswissenschaft), Promotion in Luzern.

www.ingramcontent.com/pod-product-compliance
Lightning Source LLC
Chambersburg PA
CBHW080543110426
42813CB00006B/1192